KIRA UND DER KERN DES DONUTS

小狗錢錢 2

全球暢銷500萬冊！
德國版《富爸爸，窮爸爸》
————— 續集 —————

博多‧薛弗（Bodo Schäfer） 著

各界推薦

A 大（ameryu）｜《A 大的理財金律》作者

Jet Lee 的投資隨筆

Mr. Market 市場先生｜財經作家

Selena｜生活理財 YouTuber

子欣｜孩子的理財力教練

小資 YP｜《一年投資 5 分鐘》作者

江季芸｜《跟著晴晴學生活理財》作者

李柏鋒｜台灣 ETF 投資學院創辦人

林奇芬｜理財教母

林明樟（MJ 老師）｜連續創業家暨兩岸三地頂尖財報職業講師

郝旭烈｜企業知名財務顧問

理財館長｜《通膨時代，我選擇穩定致富》作者

畢德歐夫｜最會說故事的理財作家

富媽媽 李雅雯（十方）

楊斯棓醫師｜《人生路引》作者

愛瑞克｜《內在原力》系列作者、TMBA 共同創辦人

整理鍊金術師小印｜《財富自由的整理鍊金術》作者

魏瑋志（澤爸）｜親職教育講師

（依姓名筆劃排列）

好評推薦

🐾 「大人學財商必看《富爸爸，窮爸爸》，這套《小狗錢錢》就是孩子學財商必看的經典書籍。」

—— **子欣** / 孩子的理財力教練

🐾 「《小狗錢錢》，是一本以輕鬆有趣故事，建立幸福生活財商，適合所有人閱讀學習的雋永典籍。」

—— **郝旭烈** / 企業知名財務顧問

🐾 「用童話的方式描述理財，用故事的講述陪伴孩子。」

—— **畢德歐夫** / 最會說故事的理財作家

🐾 「讀小狗錢錢，能讓口袋變有錢！這是一本適合 8 歲～ 80 歲的人，最特別的理財啟蒙書，絕對經典！」

—— **富媽媽 李雅雯**（十方）

CONTENTS

Chapter 1

獎學金

「快點起床！」綺拉聽見媽媽的聲音從遠處傳來。

「我還想再睡一下子呢。」綺拉一邊嘟嚷著，一邊把頭深深地埋進被窩。她很喜歡賴床，這樣就能一直沉浸在美夢中了。

但媽媽一把掀開被子。「妳現在就該起床！」媽媽的聲音似乎不容半點反抗。

綺拉瞇著眼睛看了看床邊的高飛狗鬧鐘。「但現在才七點半啊，」她用力把被子拉回來蓋在身上，抗議道，「我還在放假呢！」

「半個小時後我們就得出發，十點鐘妳人就得出現在美國領事館！」媽媽說著，又一次把綺拉的被子掀開。

綺拉突然想起來了：對啊，美國領事館！今天將決定我能不能獲得為期六週的加州暑期學校獎學金。

想到這裡，她一下子清醒了，飛快跳下床、刷牙洗臉、換好

衣服。今天也許是她夢想成真的日子呢⋯⋯

但當綺拉來到飯廳，她的好心情頓時煙消雲散——因為埃爾娜姑姑就坐在那。每次姑姑一來，煩心的事情也跟著來。綺拉可以確定，姑姑非常討厭自己。綺拉狼吞虎嚥地吃著早餐時，發現爸爸媽媽早已經打扮得光鮮亮麗。而姑姑凶巴巴地瞪著她，說：「妳這身打扮真沒品味。」

綺拉嚇了一跳，低頭看了看自己。她穿著自己最喜歡的牛仔褲，配了件運動上衣。她覺得自己看起來挺酷的。爸爸媽媽卻贊同姑姑的意見，堅持要她換一身衣服。綺拉不情願地小聲抱怨著，換上了媽媽選好的裙子，暗中祈禱姑姑出門踩到狗大便⋯⋯

大家都很緊張，也很激動。一年前，綺拉寫下了自己的兩個願望：一臺筆記型電腦，一趟美國之旅。自那以後，發生了很多事，她學會了如何賺錢，也懂得了如何合理分配錢。起初，她以為單靠自己永遠也賺不夠去旅行的錢，但後來，她從小狗錢錢那裡學到了賺錢的方法。

錢錢是一隻白色拉布拉多，會說話，但是「說話」這個秘密綺拉不能透露給任何人。綺拉撫摸著錢錢的腦袋。像往常一樣，錢錢耐心地坐在她的椅子邊，等著她餵香腸吃。一直以來，綺拉

只能偷偷餵錢錢香腸，因為爸爸媽媽不喜歡她這樣做。沒想到這次被姑姑看到了，姑姑立刻向綺拉的爸爸告狀說：「只要你女兒還繼續背著你，把好好的香腸餵給那個畜生，這個家裡就永遠不會有紀律和秩序。」

「才不是『畜生』呢！牠是一隻狗，是全世界最好的小狗！牠的名字叫錢錢。」綺拉糾正道。在很多事情上，綺拉都要感謝錢錢。正是透過錢錢，綺拉才學到了很多知識，結識了很厲害的人物。比如大富豪金先生，他曾多次指點綺拉如何理財；還有特倫夫太太，這位老婦人與綺拉、綺拉的好友莫妮卡和綺拉的堂哥馬塞爾一起創辦了一家投資俱樂部。

綺拉已經賺夠了錢，買了一臺筆記型電腦，實現了兩個願望中的一個。而現在，她有機會獲得美國政府的資助，飛往加州⋯⋯

這時姑姑發出了刺耳的高音，打斷了綺拉的思緒。「瓦爾特，這我不講不行，」她抱怨道，「你女兒太不尊敬長輩了。」

綺拉這樣回應姑姑：她對著錢錢耳語了幾句她對姑姑的看法。錢錢大叫了三聲，好像在說：同意！同意！同意！

綺拉覺得，姑姑就是姑姑，不應該像爸媽一樣管東管西。這

時爸爸卻非常嚴肅地對她說：「妳對姑姑放尊重點。姑姑答應和我們一起去美國領事館了。她可是有旅美經驗的。」

綺拉一聽，臉色都變了——這恐怕只會帶來麻煩！但只要有姑姑在，必定會有爛事發生。再說，姑姑哪有什麼旅美經驗啊？她只是好幾年前在紐約待過幾天，不代表她現在很瞭解美國人呀？綺拉真希望姑姑能留在家裡。但事已至此，即使不情願，綺拉也不得不屈服。

綺拉三口兩口吃完飯，跟著爸爸媽媽和姑姑一起驅車前往領事館。錢錢不得不留在家裡，因為姑姑占了原本屬於牠的座位。到了領事館，他們按要求坐在一個寬大的沙發上等候。

綺拉偷偷四處張望。她之前就聽說，美國有很多胖子。而在這裡看到的一位女士，胖得超出了她的想像。那位女士扭動著肥胖的身軀進了房間，轉到一個牆壁置物架後就不見了。她真是胖得出奇，論體重簡直一人抵三人。還有她的鼻子，活脫脫就是個豬鼻子。綺拉小聲對媽媽說：

「妳有看到那位胖胖的『豬小姐』嗎？」

「綺拉，妳怎麼能說這種話？真沒禮貌！」媽媽壓低聲音說。

姑姑激動地咳嗽了一聲。每當她覺得別人的行為沒教養時，就會這樣。她幾乎對所有事情都要指指點點，所以她總是在咳嗽。綺拉並沒有理會她。

　　「她也太胖了吧，坐下來至少得占兩把椅子，還有那鼻子……」綺拉低聲竊笑。

　　突然，一個帶有美國口音的聲音從她背後響起：「一張椅子就足夠了。妳現在可以進來見領事了，綺拉‧克勞斯米勒。」

　　綺拉和媽媽嚇了一跳，轉過頭來。萬萬沒想到，剛剛被綺拉稱為「豬小姐」的胖女士就站在她倆身後！但願她沒有聽到綺拉叫她「豬小姐」……「我叫史蒂文斯，可不是什麼『豬小姐』。」胖女士繼續說道。

　　她聽見了！綺拉滿臉通紅，尷尬得要命，她結結巴巴地說：「我不……不……不是那個意思。只是這麼ㄅ……我是說豐腴……我……我……我的意思是……像您這樣的人……我還從來沒見過。」

　　這番話並沒有得到史蒂文斯女士的諒解。她生硬地用手指了指領事的房間，綺拉趕緊走了過去，爸爸跟在後面，而姑姑則一直咳個沒完。媽媽站起來，真誠地向史蒂文斯女士道歉。但綺拉

用餘光瞥見，那女人只是又比劃了一下她剛才粗暴的手勢，這讓綺拉有種不祥的預感……

　　幾聲友好的問候把綺拉迎進了房間。在領事和另外五位男士前面孤零零地放著一把椅子，綺拉只好在椅子上坐下來。領事旁邊還空著一個位子——坐在那裡的正是那位胖女士。

　　如果說綺拉之前只是很緊張，那麼她現在真的感覺糟透了。領事開口說：「綺拉，我們考慮過頒給妳獎學金，因為我們從多方瞭解到，妳很了不起。聽說妳到一所學校裡為孩子們做了場精彩的演講，而且妳還很擅長理財。」

　　他停頓了一下。綺拉這時感覺好了一點，要是姑姑能別再咳嗽就更好了。領事接著說：「但我們做出最終決定之前，還需要妳提交一篇作文。」

　　「什麼作文？」綺拉大吃一驚。

　　「我們三周前寄了一封信給妳，要求妳最慢要在這次會面的三天前寄回一篇作文，題目是《我為何想在加州度過六週時光》。」

　　這時，綺拉看到胖女士把身子往後一縮，臉紅了。很可能是她忘記把信寄出去了。

綺拉立刻說：「但我根本沒收到信。這篇作文，我根本完全不知道。」

隨即，胖女士聲音刺耳地說：「可能這位小姐並沒有認真對待這件事。看，現在她還想說謊。我記得很清楚，那封信我已經寄出去了——幾周前就寄了。」

綺拉氣得滿臉通紅。她從不說謊！這個「豬小姐」怎麼能這樣……

領事看到綺拉臉紅了，還以為她很羞愧，便說：「我們必須要看到那篇作文，不能破例。」

「但我們需要換個題目，」胖女士趕忙說，「換個能真正證明這位年輕女士值得我們提供獎學金的題目。我建議，讓她以《一枚古幣的兩面》為題寫一篇作文。」她一邊說，一邊惡狠狠地盯著綺拉。

領事並不太認同這個建議：「但這個題目原本是為年紀更大的學生準備的。」

「是的，不過這位小姐並沒把我們當一回事，甚至還說謊，」胖女士回應道，「這就算是給她的一個教訓。如果她真像大家說的那樣聰明，這個題目肯定也難不倒她。」

綺拉氣壞了。她萬分委屈地看向爸爸媽媽，但他們只是聳了聳肩。這時，姑姑像是覺得自己該說點什麼，開口說道：「綺拉是個非常聰明的孩子。可惜呀，她時不時就會撒個小謊。這對她來說，將是個難忘的教訓。」

綺拉實在無法理解姑姑為什麼會這麼說。她更氣憤了。更讓她不舒服的是，爸爸媽媽當然清楚自己從不說謊，他們為什麼不幫幫她說句話？綺拉努力控制住情緒，問領事：「你們說的『古幣的兩面』是什麼意思？」

領事熱情地答道：「古代的錢幣有正反兩面。」

綺拉打斷了他的話：「但現在的硬幣也有呀……」

領事目光炯炯地看著她說：「妳是個聰明的孩子，要寫出這篇作文想必沒什麼困難，應該也沒必要多作解釋了。」

綺拉真想咬掉自己的舌頭。剛才她怎麼就不能閉上嘴呢！胖女士一臉壞笑，而姑姑又咳嗽了起來。綺拉心裡很清楚，姑姑正在嘲笑自己呢。

好在領事還是解釋了幾句：「好吧，古代的錢幣有正反兩面。」綺拉閉緊嘴巴，不敢亂吭聲了。「一面是皇帝，象徵世俗權力，另一面是上帝。妳得在作文裡寫一寫為什麼這些錢幣印有

這樣的象徵圖案，而我們今天又能從中學到些什麼。」

綺拉結結巴巴地說：「可是，我怎麼知道……」

「那就抱歉了，」胖女士用刺耳的聲音說，「因為那樣的話，獎學金就歸別人了。」說完她就哈哈大笑起來，全身的肥肉都跟著顫動起來。這時，綺拉清晰地聽到從背後還傳來了姑姑的笑聲。

領事主意已定，木已成舟。綺拉回到車裡時，依然忿忿不平。

「你們剛才怎麼都不幫我？」她問道。媽媽毫不客氣地說：「因為這樣的困難是妳自己造成的，妳得學會靠自己的努力擺脫困境。」

「但是那個胖子明明沒說實話！」綺拉抗議說。

「誰知道呢，也可能是妳太自以為是了。」爸爸咕噥道。

綺拉氣得口不擇言地大叫：「讓他們把那個該死的獎學金留著自己花吧！我的夢想存款筒裡已經存夠錢了，我可以花自己的錢去美國！」

「不可以！」媽媽立刻吼道。

「我偏要！」綺拉氣憤地大喊。

爸爸開口了：「妳不能這樣和妳媽講話。她說得很對，妳最近愈來愈愛頂嘴了，學點教訓也好。妳要不就寫好這篇作文，而且要好好寫，拿到獎學金；要不然妳就別去美國了。」

姑姑尖聲附和道：「沒錯。如果我們能得到這樣的機會，肯定感激得不得了。但妳除了挖苦好人，就沒做過半點好事。」

綺拉頂撞回去：「不用妳多管閒事！」姑姑生氣地咳了起來。爸爸命令道：「馬上跟姑姑道歉！她都是為了妳好。」

「她討厭我！」綺拉嚷嚷，「我真是受不了她了！」

「夠了！」爸爸生氣地喊道，「看來不教訓妳一下不行了。妳給我在家關禁閉。寫完作文之前，不准離開自己的房間。」

「不行！我還有工作，我還得好好照顧那些小狗呢。」綺拉反抗道，她沒想到爸爸會這樣說。

「這跟工作無關，就是為了讓妳重新學學怎麼和長輩講話！我現在不想再聽妳狡辯了，就這樣決定了！」爸爸說話的語氣裡帶著不容辯駁的意味。

姑姑在一邊看著，連連誇讚這是「明智之舉」。綺拉呢，恨不得朝座位踢上一腳！憤怒的淚水奪眶而出，綺拉真想大喊幾聲發洩一下！但她又一想，現在最好還是控制好情緒，她以後會證

明給他們看的！只是她不知道，要怎樣才能證明自己……

　　一到家，綺拉直接帶著錢錢回了房間。姑姑還堅持要綺拉爸爸鎖上房間門。綺拉一下子撲倒在床上，哭了好一會。她真不知道該怎麼辦了，這篇作文靠她自己是寫不出來的，看起來沒什麼希望了，但她還有工作要做呢，總不能放下工作不管哪。這簡直太令人絕望了。

　　突然間，她靈光一閃──也許可以向朋友求助。

　　她給堂哥馬塞爾寫了一封求救信：

　　馬塞爾：

　　　　我需要緊急救援。

　　　　我被鎖在房間裡了。

　　　　請你也轉告莫妮卡。

　　　　我之後再跟你們解釋清楚。

　　　　　　　　　　　　　　　　　　　　　　　　綺拉

然後，她滿是期待地看著錢錢，低聲說：「你能把這封信交給馬塞爾嗎？」

這隻聰明的拉布拉多立刻聽懂了主人的意思，搖著尾巴表示沒問題。綺拉小心翼翼地把紙條固定在牠的項圈上，悄悄打開了窗戶。錢錢爬上窗臺，一躍跳上了車庫的頂棚，消失在綺拉的視線裡……

過了好一下子，綺拉聽到有小石塊扔進了自己的房間裡，她連忙向窗外望去，發現馬塞爾和莫妮卡就站在樓下。他們搬來了梯子，小心翼翼地爬進了綺拉的房間。

好友們高興地相互問候。綺拉真慶幸能有他們這麼好的朋友，然後，她快速向他們說明了原委。

綺拉告訴他們，自己明天不但得去工作，還想去拜訪金先生，向他請教作文的事。於是，他們召開一場「緊急會議」。

馬塞爾想到一個點子，說：「明天我待在妳房間裡，妳爬梯子溜出去，怎麼樣？」

莫妮卡反對說：「你的聲音一點都不像女生。最好還是我來假裝綺拉。」

馬塞爾驚訝地看著她：「妳敢嗎？憑妳這個洋娃娃腦袋？」

莫妮卡覺得自己受到了冒犯，反駁道：「你這個瘦竹竿！我現在不是來了嗎？」

綺拉低聲說：「你們別吵了。」然後，她小聲對莫妮卡說：「妳知道這很危險嗎？我出去一趟可能要花個半天呢。」

「沒問題，」莫妮卡說，「反正明天我要讀一整天的書，在這裡讀也可以。有人敲門的話，我就含含糊糊地回一下。如果有人進來送飯，我就趕快爬上床，用被子把頭蒙住，這樣大家都會以為妳還在賭氣呢。」

因為他們實在想不出更好的方法，事情就這麼定了下來。馬塞爾補充說：「我再找爸爸借一枚古幣，他蒐藏了好大一堆呢。也許妳看到古幣，就能找到一些寫作文的靈感。」

好友們和綺拉告別後，悄悄爬出窗戶，順著梯子爬了下去。夜裡，綺拉做了個夢，夢到了許多奇奇怪怪的東西：甜甜圈、放大鏡，還有一起飛機綁架事件……但所有的一切都朦朧不清。

Chapter 2

白色石頭

　　第二天早上，莫妮卡按照約定，偷偷爬進了綺拉的房間。兩人小聲打過招呼後，綺拉就躡手躡腳地爬了出去。錢錢像昨天那樣，從窗臺跳到車庫的頂棚，又跳到了草坪上。綺拉心裡只有一個念頭：千萬別有人發現莫妮卡。

　　綺拉要做的第一件事，就是趕緊去找金先生。以前她每個週六都會去找他。金先生在證券交易中賺了好多好多錢，現在，他只給幾個大客戶提供理財諮詢。他的家是一棟大別墅，坐落在一座風景優美的花園中央。像往常一樣，一個身著整潔制服的女傭為綺拉開了門，金先生已經在等著她了。綺拉每次看到他那和藹可親的面龐，總是特別高興。

　　「嗨，我的小金錢魔法師，最近還好嗎？」金先生親切地問道。他抱起錢錢，不停撫摸牠——金先生和錢錢的關係一直很好，因為他曾經是錢錢的主人。然後金先生轉向綺拉，細細打量

她一番後說：「你看上去好像碰到了大麻煩。」

綺拉馬上向他交代了事情的來龍去脈。為了保險起見，她沒有提自己被關禁閉了。講到最後，她總結道：「這一切都是因為那個『豬小姐』，那個討厭的肥婆，還有我的姑姑。對了，我爸爸媽媽也沒好到哪裡去——他們甚至都不相信我。」綺拉說著，淚水又在眼眶裡打轉。她討厭受到不公平的對待。

但金先生的反應卻出乎綺拉的意料。他不但沒表現出一丁點同情，反而很嚴肅地盯著綺拉的眼睛說：「我們先來看看積極的一面……」

「這件事哪有什麼積極的一面！」綺拉立即反駁。

「如果妳還有什麼話想說，我願意等妳說完。」金先生答道，沒有顯露出任何生氣的神色。

「很抱歉，」綺拉馬上說，「我最近說話總是冒冒失失的，請您繼續……」

金先生笑了。綺拉一下子感覺好多了，因為他的笑容是那麼親切。她突然間懂了，金先生都是為了她好。金先生繼續說：「過去的幾個月裡，妳已經學到了很多很多，但這並不意味著妳在所有方面都是完美的。實際上，現在這件事有積極的一面：這

正是妳學習其他一些重要東西的機會！我一下想到了三件事。首先，妳應該更加克制、謙虛──特別是對妳的長輩，頂嘴是不對的。」

綺拉注意到，金先生總是那麼謙遜有禮。她點頭表示同意。

但她一轉念想起了姑姑和領事館的那個胖女士，就問：「對那些明明待我很刻薄的人，也要這樣嗎？」

「一般來說是的。雖然沒有人要求妳虛情假意地應付他們，但妳應該時常保持禮貌。不友好的態度是缺乏教養和內心軟弱的表現，會讓人顯得很愚蠢。」金先生回答道。

「愚蠢？」綺拉問。

「對，愚蠢！」金先生解釋說，「反之，尊重他人和禮貌待人則能幫助妳往前邁進。如果有人不喜歡妳，那麼妳不友好的行為就成了他們傷害你的理由，妳沒必要這樣自討苦吃。而且，即使有些人原來不喜歡妳，妳也可以用禮貌重新贏得他們的好感。」

綺拉點頭贊同。

「第二，不要陷入『公平陷阱』。生活裡並非所有的事情都是公平的，極其不公平的情況也不少見。但這並不意味著妳可以

放棄。妳成功與否,不該取決於別人是否對妳公平以待。」

綺拉想了一下子,說:「但受到這樣不公平的對待,真是太可怕了。」

金先生同意她的觀點:「是這樣的。我也討厭不公平,我也儘量使自己始終保持公正。但我沒辦法永遠阻止別人不公正地對待我。在妳目前這種情況下,妳不應該立即惱羞成怒,然後選擇放棄。當然,有個特別好的藉口已經在等著妳了,比如妳可以說:『這件事我做不到,因為他們對我太不公平了。』但這又有什麼用呢?到頭來,妳還是沒能實現自己的目標啊。」

「好吧,」綺拉回答說,「我會證明給討厭的姑姑和『豬小姐』看的。」

「這就要說到第三點了,」金先生和藹地微笑著說,「永遠不要說別人的壞話。」

「因為可能會被聽到嗎?」

金先生大笑。「是啊,這讓妳在領事館吃了點苦頭。但我說的還不是這個問題。我認為,說別人的壞話從根本上來說就是不好的。」

綺拉感到很不理解:「但這真的讓人很開心啊。說點別人的

壞話還是蠻有趣的。」

金先生不以為然：「妳以取笑別人為樂，這可不太好。這樣的話，妳就會把注意力集中在別人的缺點和瑕疵上，而不是好的、耀眼的那一面。如果妳期待著美好的事物，那麼這個世界對妳而言就會變得更美好。如果妳老是愛說別人壞話，慢慢地，你身邊的每個人都會對你產生不好的印象。因為他們會認為，既然妳能在背後說別人的壞話，那麼妳也能在背後說他們的壞話。」

「啊？」綺拉疑惑了。

金先生繼續說道：「妳得當心，不要留下在別人背後說壞話的壞名聲。」

「但我只說我不喜歡的人的壞話。」綺拉反駁道。

「真的是這樣嗎？」金先生反問。綺拉想了一下子，猛然想起，莫妮卡抱怨過自己好幾次拿她開玩笑。看來自己的性格裡確實有讓人非常不舒服的一面。金先生好像看透了她的心思，說：「無論如何，妳都沒必要說別人壞話。」

綺拉思考了一番後說：「我下定決心了。我是說，我下決心要做三件事：第一，更加尊重我的父母；第二，即使受到不公平的對待，我也不會選擇放棄；第三，只說別人的好話。」她又想

了一下子，問：「如果我想不出什麼好話來，怎麼辦呢？」

金先生笑了：「那就最好什麼都別說。」

綺拉記下了她得到的這三個教訓。她已經開始寫心得筆記了。她把所有自己學到的重要東西，都記錄在裡面。突然，綺拉想起自己的作文還沒有著落呢，便向金先生請教，但她並沒有獲得期待中的幫助。金先生只是說：

「硬幣上印有上帝的一面是在告訴妳，在這個世界上並不是只有妳一個人，妳也對其他人負有責任。這點與妳今天學到的三件事也有關係。我就不多說了。我認為妳應該自己去尋找解決的辦法。」

綺拉有些失望。這還是金先生第一次沒有幫助她。但她相信金先生，便決定認真研究這篇作文的題目，好揭開謎底。她知道金先生這麼做自有他的道理。

可綺拉還是想不出該在作文裡寫些什麼。「硬幣的兩面……」她一邊想一邊搖頭，「誰知道這有什麼好寫的呀？」

但她現在已經沒時間左思右想了。莫妮卡還待在她的房間裡，隨時都有可能被發現，但願還沒出什麼差錯。而綺拉接下來還有工作要抓緊時間完成呢。今天是週六，是她收帳的日子。

綺拉幫很多人遛狗，每月能賺到 30 歐元。她很喜歡這個工作，因為她打從心底裡喜歡狗。儘管她已經做了一年多，但有時還是想不懂，自己怎麼就能碰上這樣的好事：做著自己喜歡的工作，還能得到報酬。不過，金先生已經跟她解釋過了，他總是說：「正因為妳很喜歡狗，我才確信妳會一直好好照顧牠。正因為妳真心付出，妳的工作才這麼有價值。」這話說得對極了。

　　綺拉先去了她最喜歡的哈倫坎普先生家。她剛走到門口，拿破崙就高興地汪汪大叫。牠一聽出綺拉的聲音，就會興奮地叫個不停。拿破崙是哈倫坎普先生家的一隻大狗，是牧羊犬、羅威納犬和不知道哪個犬種的混種。

　　哈倫坎普夫婦熱情地向綺拉問好。哈倫坎普先生已經上了年紀，長得很像狼人。一開始，綺拉還很怕他，但現在他們已經成了朋友。哈倫坎普先生有過很傳奇的生活經歷，這些經歷在他身上留下了印記。但傳奇歸傳奇，綺拉還是覺得他應該剃掉那亂糟糟的絡腮鬍，鬍子都快長到嘴裡了，而且他的牙也很黃⋯⋯

　　哈倫坎普太太走進廚房，為綺拉沖了杯她最喜歡的熱巧克力。不一下子，新鮮出爐的甜甜圈端了上來，香氣四溢，饞得綺拉直流口水。三個人大快朵頤後，哈倫坎普先生溫柔地撫摸著妻

子的手說：「親愛的，妳的手藝愈來愈好了。除了妳，沒有人能做出這麼好吃的甜甜圈。」綺拉完全贊同他的話。

綺拉很快又拿起一個甜甜圈吃起來，這時她忽然冒出一個想法：可以向眼前這兩位請教一下那篇作文該怎麼寫。於是她講了在美國領事館裡發生的故事。

哈倫坎普太太想了想，又看了看剩下的唯一一個甜甜圈，問綺拉：「你知道為什麼我這麼喜歡甜甜圈嗎？」

「是因為好吃嗎？」綺拉猜道。

哈倫坎普太太笑了笑：「不，不完全是這樣。甜甜圈對我來說是一個很重要的象徵。」

綺拉噗哧笑了出來：「那麼我剛剛吃掉了三個重要的象徵。」她的話把大家都逗笑了。

哈倫坎普太太接著解釋說：「如果一個人能像甜甜圈一樣，那麼他一定很幸福。」

「像甜甜圈一樣？」綺拉迷惑不解，「我有點聽不懂。」

「讓我解釋給妳聽，」哈倫坎普太太說，「妳已經學會了如何理財。妳懂得如何賺錢，如何合理分配錢。你會為實現目標而不斷賺錢，會存起來一部分錢從來都不花，這樣有一天妳就可以

靠利息過日子。所有這些都很重要，我為妳感到驕傲。」

綺拉臉紅了。只聽哈倫坎普太太繼續說道：「金錢在生活中的確很重要，但它遠遠不是生活的全部。金錢和所有我們能買到的東西，對我來說都像是甜甜圈的那個圈。」

綺拉想了想，說：「但甜甜圈不就是一個圈嗎？」

哈倫坎普太太笑著答道：「這話只對了一半。我們確實只能看見一個圈。但甜甜圈其實還有別的東西……」

綺拉不解：「嗯……還能有什麼呢？」

哈倫坎普太太解釋說：「甜甜圈是由一個圈和中間的孔組成的。」

綺拉反駁道：「但這個圓孔裡什麼也沒有，就只是個孔而已。」

哈倫坎普太太耐心地說：「圓孔裡確實是空的。但一旦妳掉進孔裡，就會感受到孔的存在。」哈倫坎普先生聽到這裡，也贊成地點點頭。他臉上露出了自豪的笑容，但看上去就像戴了一副凶巴巴的狼人面具……

綺拉突然想起些什麼，說道：「是啊，樹林裡就有個坑洞，我有次踩了進去，還扭傷了腳。所以，有些東西雖說看不見，卻

是實際存在的。」

「就像風、空氣，還有甜甜圈上的孔。」哈倫坎普太太附和道。

綺拉若有所思，問道：「如果甜甜圈的圈代表金錢和我能買到的一切，那麼它中間的圓孔又代表什麼呢？」

「這個問題問得好。」哈倫坎普太太說

「圓孔代表著一個人的內在，這是我們所看不到的。很多人不關心自己的內在，就是因為它是看不見的。他們在乎的，只有看得見的成功。但如果妳想獲得幸福，就不僅要關注物質上的成功，還要重視內在修養，培養自己優秀的內在。」

「什麼是優秀的內在呢？」綺拉很想知道。

哈倫坎普太太回答說：「那剛好就是金錢買不到的東西。沒有了優秀的內在，妳就不可能幸福。所謂『內在』，就是妳的品格。優秀的品格包括謙遜、感恩、尊敬長者、同情弱者等等。前提是，妳要認識到，自己不是獨自生活在世界上，還要給別人帶來快樂，去幫助別人。妳要讓別人的世界因為妳的努力而變得更美好。」

「哇，」綺拉驚呼，「您透過一個甜甜圈就看到了這麼多道

理啊！」

哈倫坎普先生也加入了談話：「沒有中間的孔，甜甜圈就不是甜甜圈了。沒有優秀的品格，人就如同行屍走肉。一個一心只想著錢的人是永遠不會幸福的。」

綺拉不確定自己能否真正明白這全部的道理。就在剛才，她還為自己掌握了那麼多理財知識而感到驕傲呢，而現在，這些知識對她而言似乎變得沒那麼重要了。她問：

「如果鍛鍊自己的品格就能讓人幸福，那我為什麼還要學習理財呢？」

哈倫坎普先生笑著反問：「如果把甜甜圈的圈拿走了，妳還剩下什麼？」

綺拉答道：「那就只剩下圓孔了。」

「不對，」她馬上改口道，「沒有了那個圈，也就不會有什麼孔了，也就是說，不會再有內在了。」

哈倫坎普太太高興地看著綺拉：「妳總結得真好。恭喜妳，妳已經完全理解這個道理了。沒有了圈，也就沒有了孔。對我們而言，這就意味著：我們不能忽視那個圈，否則內在也很難顯露出來。一個完滿而幸福的人都是兩者兼備的。」

綺拉一邊思考，一邊把熱巧克力一飲而盡。她還不太確定甜甜圈和她要寫的作文到底有什麼關係。但當她再次開口詢問時，得到的回答卻是：「妳得自己去尋找答案，這可是妳的作文。」

綺拉待了一下子，就動身去特倫夫太太家了，一路上還在想著這個問題。她已經大概理解兩位老人的意思了，但她不明白這和硬幣的兩面到底有什麼關係。難道說，硬幣的一面代表金錢和一切我們可以買到的東西，而另一面則代表甜甜圈中間的圓孔？

她想：關於這一點，我還有好多東西沒搞懂呢。誰能告訴我，到底什麼叫「一個東西只有在其周圍有東西存在時，才能真正地存在」？她想得太入神了，不知不覺就來到了特倫夫太太的「女巫小屋」前。近來，綺拉每天也在幫特倫夫太太遛狗，就是那隻高大的德國牧羊犬，叫畢安卡。

這幾個月裡，綺拉和特倫夫太太、畢安卡都混熟了。特別是在那次綺拉、馬塞爾和莫妮卡冒著危險，趕走了想偷老太太家地下室裡財寶的竊賊後，他們的關係就更加親密了。作為回報，特倫夫太太教會了他們三人如何投資。

特倫夫太太和他們一起成立了一個名叫「金錢魔法師」的投資俱樂部，每位會員每月繳納 50 歐元作為會費，然後共同決定

如何利用這筆錢進行投資。到現在，他們的總資產已經翻了不少倍。

綺拉決定向特倫夫太太請教甜甜圈的含義。特倫夫太太熱情地招呼綺拉。她的房子裡總是亂七八糟的，看起來真像一個女巫小屋。屋裡到處堆滿了財經類報紙，股票走勢圖掛得滿牆都是。

拿到酬勞後，綺拉先是告訴特倫夫太太自己要完成一篇作文，又把哈倫坎普夫婦舉的那個甜甜圈例子講了一遍。她盡可能繪聲繪色地還原全部對話。

特倫夫太太意味深長地笑著說：「關於這個問題，我幾個禮拜前就想跟妳討論，但總是被一些事給耽擱了。我只能告訴妳，哈倫坎普夫婦所說的甜甜圈中間的孔是我們人生中最重要的東西，它代表了一個人的品格。但你還應該去瞭解另外一個東西：白色石頭。在《聖經·啟示錄》第二章第十七節中有相關內容。」

說著，特倫夫太太飛速爬上了書牆邊的梯子，取下了一本古老的《聖經》——別看她這麼大年紀了，她的攀爬速度卻快得驚人。特倫夫太太翻到有書籤的那一頁，然後大聲讀道：「我必將……賜他一塊白石，石上寫著新名……」

綺拉以前從未見過特倫夫太太讀《聖經》，也根本不理解那段話的意思。不過她注意到，壁爐旁的玻璃櫃裡就放著一塊白色的石頭。綺拉朝那石頭的方向指了指，問：「這段話和那塊石頭有什麼關係嗎？」

特倫夫太太意味深長地點了點頭。她頓了一下，又繼續說：「那塊白色石頭是我最珍貴的寶貝。」然後，她沉默了良久。

最後，她終於開口說道：「重要的是一個人的內在，是他的品格。其他的一切都是外在的。謙虛、感恩、尊重他人、富有同情心、助人為樂，以及給別人帶去快樂，這些都是一個人重要的品格。我們必須學會如何應對外界，同樣地，我們也必須培養自己的優秀品格。」

綺拉說：「這聽起來好像跟甜甜圈圓孔的道理一樣。」

特倫夫太太補充道：「但還不止於此……」

她又停頓了許久，才接著說道：「一旦妳開始研究這些事，妳就會問自己，為什麼自己和別人是不一樣的。然後，妳就會找到自己獨一無二的原因。」

綺拉打斷她說：「為什麼我應該和別人不一樣呢？我只不過是一個平凡的小女孩啊。」

特倫夫太太並不贊同：「世界上只有唯一的一個妳。妳可是獨一無二的啊。」

　　綺拉還是不太信服：「有些事情我能做好，可還有人能比我做得更好。比如，我已經學會了理財，可是馬塞爾表哥更是理財好手。」

　　聽罷，特倫夫太太露出慈祥的笑容，娓娓說道：「我非常喜歡這個甜甜圈的例子。妳不能在拿掉甜甜圈外層那個圈的情況下，再來描述它中間的圓孔的獨特性。這同樣適用於一個人的品格。很多人外面的『圈』看似一樣，內裡的『孔』卻大相徑庭。每個人都在世界上擔負著不同的職責。如果我們不去擔負，就沒有人會去擔負。一旦妳找到那個只有妳才能擔負的責任，妳就找到了屬於自己的那塊白石。妳的新名字就寫在那塊白石上，它象徵著妳全新的幸福生活。」

　　聽到這裡，綺拉喃喃地說：「這比我想像的還要複雜。現在我都被搞糊塗了。」

　　特倫夫太太又笑了：「到時候妳就懂了。我們下次再聊吧。不好意思，我現在得打幾通重要的電話了。」

Chapter 3

放大鏡

　　綺拉現在更加困惑了。她清楚地知道，留給自己的時間不多了，必須儘快趕回自己的房間。莫妮卡隨時都有可能被發現，而且，九天後她就得把那篇作文提交給美國領事館。

　　要是錢錢能開口跟她說話就好了，牠肯定能想出好點子，可它好久都沒有和她交談了。綺拉想了又想，終於想到了一個主意：錢錢最喜歡在秘密基地裡開口說話，錢錢就是在那裡教會她關於理財的前幾堂課程，也許到了那裡，錢錢能再一次開口⋯⋯

　　儘管時間很緊，綺拉還是決定帶錢錢去秘密基地。所謂「秘密基地」，其實是森林裡黑莓叢中的一小塊空地。要到達那裡，必須爬過一段五公尺長的狹窄通道。她心裡盼望著錢錢能再幫她一把。

　　通往秘密基地的路上，在森林邊緣，有一座好久都無人居住的老房子。綺拉經過那裡時，一陣恐懼感突然攫住了她。只見那

座廢棄的老房子前有位老奶奶，她正坐在老舊的長椅上，用口哨吹著一支歌謠。她頭髮潔白如雪，神情看上去十分幸福。

綺拉和老奶奶打了個招呼，就想繼續前行，沒想到耳邊傳來一個洪亮的聲音。那老奶奶開口說道：「瞧瞧，瞧瞧，這就是綺拉，一位小金錢魔法師，還有錢錢，一隻會說話的狗。」

綺拉嚇得差點昏過去。不能讓任何人知道錢錢會說話！那可是綺拉最大的秘密。再說了，她如今根本不知道錢錢到底還有沒有會說話的本領……

綺拉不安地看向老奶奶，她的臉讓綺拉感受到了一種奇特的寧靜。不知怎的，綺拉忽然深信不疑，眼前這位慈眉善目的老奶奶沒有任何危險性。儘管她年事已高，但藍色眼眸裡仍閃爍著奪目的光芒，簡直有著攝人心魄的力量。

綺拉感受到了一種不可抗拒的衝動，讓她想要坐到這位老人身邊去。她又聽到這位老奶奶和藹地說：「很高興能認識你們。」

綺拉已經從最初的恐懼中恢復過來。這時，她腦子裡只有一個念頭：這嗓音多麼動聽，多麼溫暖啊！她過去常常設想，上帝其實也很有可能是女性。若果真如此，那麼上帝的嗓音一定是這

樣的。

「我可不知道上帝是男是女，」老奶奶的聲音再次響起，

「不過，我能感覺到妳遇上了麻煩。我們先進屋子裡吧，進去好好談談妳面臨的問題。」

老奶奶站起身來，綺拉不由自主地跟上了她。令綺拉大吃一驚的是，這座房子內部根本不像她原來以為的那樣空空蕩蕩，反而布置得簡樸而舒適。而且，顯而易見，老奶奶有蒐集石頭的習慣，因為屋裡到處都是各式各樣的石頭。綺拉還突然注意到：所有的石頭都是白色的！

「妳已經知道白色石頭的含義了，對吧？」老奶奶微笑著問道。

「是的，」綺拉承認，「但我只知道個大概。」

老奶奶細細地打量著綺拉，然後說：「妳所知道的，其實比妳以為自己知道的要多。妳將要面對的，是一系列艱鉅的任務和冒險，而妳需要幫助。任務從不獨自出現，它們總是會同時帶來妳所需要的說明。」

綺拉馬上想起了她必須要寫的那篇作文。

「不，」她又聽見老奶奶說：「我指的並不僅僅是那篇作

文。這和妳的那塊白色石頭有關。妳要尋找白色石頭，就勢必要經歷一段艱險的旅程。我之所以來到這裡，就是想幫妳做些準備，把一些重要的東西交給妳。」

綺拉一時不知道自己應該再想些什麼。這位氣度莊嚴的老奶奶似乎可以猜出她的所思所想。老奶奶知道錢錢會說話，而且似乎對綺拉也十分瞭解。她究竟是從哪裡瞭解到這些的呢？綺拉問：「您是誰？您是怎麼認識我的？」

「我的名字是索尼婭·懷斯[1]。」老奶奶答道。綺拉覺得，這個名字真的非常適合她。老奶奶繼續說：「我剛才說過了，我來這裡是為了幫助妳找到妳自己的那塊白色石頭，其他的一切都不重要。人生中沒有比找到白色石頭更重要的事了。每一個人都必須找到自己的那塊石頭。唯有如此，才能真正獲得幸福。」

綺拉說：「特倫夫太太也跟我說過這個，但我聽不太懂。」

「時候到了，妳就會完全明白的。」老奶奶並沒有進一步解釋。

綺拉腦子裡還縈繞著另一個問題：「我到底應該怎麼做，才

1　譯注：懷斯的德語是 Weiß，有「白色」之意。

能找到白石呢？」

老奶奶答道：「其實有幾個方法，妳早就知道啦。想一想甜甜圈中間的孔吧。要成為一個優秀的人，你必須學會七件事，而妳已經知道其中的三件了。」

「是哪三件事呢？」綺拉問。

「回想一下金先生的話吧，他先前教過妳三條道理。」

老奶奶解釋道。

綺拉說：「我想起來了：第一，尊重他人和友善待人；第二，不要陷入『公平陷阱』；第三，只說別人的好話。」

「很好，」老奶奶讚許道，「繼續學習下一條道理會大大拉近妳和白色石頭的距離。然而，要實踐它也很困難。」

「下一條道理是什麼呢？」綺拉迫不及待地想知道。

「幫助他人。」老奶奶答道，「幫助他人是人生中最美好的事。」

「可是我已經幫助過別人了，比如，我會幫鄰居們遛狗。」綺拉說。

「我指的並不是這個。」老奶奶解釋道，「遛狗是妳的工作，妳會因此獲得報酬，這當然很好。而我的意思是，能為他人

帶來快樂，為他人付出，並且不追求金錢上的回報。沒有什麼比這更美好了。」

綺拉陷入了沉思。當她幫爸爸媽媽解決財務上的難題時，她確實感覺好極了。有時候送給別人禮物，的確比自己得到禮物還要開心。老奶奶說的話可能是真的。

「還不止於此呢。」老奶奶繼續補充道，「第四條道理不僅意味著要為他人帶來快樂，為他人付出，還需要幫助困境當中的人。」

綺拉點點頭：「要是我的朋友們有困難，我總是會幫助他們。他們也會幫助我的。」

「即使有危險也一樣會去嗎？」老奶奶問。

「應該會吧。」綺拉答道。

老奶奶斬釘截鐵地說：「當然會有危險，所以我才會來到這裡……不過這一切都是值得的。當妳將這七條道理時刻銘記時，就會得到屬於自己的白色石頭。好了，想不想來一杯熱巧克力？我正好煮了一些。」

綺拉不再感到驚奇了。反正這位老奶奶無所不知，對於自己有多麼愛喝熱巧克力肯定早已了然於心。她開心地接受了這個提

議。

　　熱巧克力太香了。趁綺拉喝熱巧克力的工夫，老奶奶走到一個櫃子前，取來了兩本相簿。一本相簿的封面是雪白的，而另一本則小小的、黑漆漆的。綺拉打開白色的相簿，不由得屏住了呼吸──裡面都是她的家人和朋友的照片，千真萬確：堂哥馬塞爾、最好的朋友莫妮卡、哈倫坎普夫婦、特倫夫太太、金先生、銀行顧問海娜女士和爸爸媽媽。還有一張錢錢的照片，照得尤其漂亮。

　　在黑色封面的相簿裡，綺拉卻看到了一些她沒見過的人，有幾個人看上去特別可怕。這些照片裡，綺拉只認識一個人──討厭的埃爾娜姑姑。

　　綺拉說：「黑色相簿裡的人我看了就害怕。他們長得好嚇人啊。」

　　「是啊，妳可得小心提防他們。他們對妳居心不良。」

　　老奶奶語氣堅定地說，「有些人是妳去美國以後會遇見的，而另一些人是妳回來以後才會碰到的。妳將會面對一些危險。」

　　綺拉一時間覺得身上燥熱，卻又好像冷得直打哆嗦。恐懼幾乎扼住了她的喉嚨。她問：「有沒有什麼辦法可以躲過這些危

險？」

老奶奶優雅地點了點頭，答道：「的確有一個辦法，能讓妳避開他們所有人：那就是妳不要寫這篇作文，也別去尋找白色石頭。」

綺拉馬上說：「可是那樣我就去不成美國了，但是我真的很想去。」

老奶奶解釋說：「妳不僅去不成美國，還會因此而錯過許多其他美妙的事情。妳將與人生中的一切美好擦肩而過，而這些都是原本可以經歷的。」

綺拉感到很害怕。老奶奶輕輕地將自己的手放在綺拉的手上。她的手雖然蒼老，卻柔軟得出奇。只聽她說：「妳的人生中沒有比尋找白色石頭更重要的事了。不去尋找它，妳當然會免去很多危險與麻煩，但也無法收穫本來可以擁有的幸福。」

綺拉雖然對這一番話似懂非懂，但可以清楚地感受到她話裡想要傳達的意思。她明白自己別無選擇，於是堅定地說：「我不但要去美國，還要去尋找那塊白色石頭──就算我不知道它的確切意義，就算我要為此遭遇很多危險。」

老奶奶嘆了口氣說：「要是有更多的大人也能這樣做決定就

好了。比起精彩而充實的人生，大部分人反而更喜歡選擇舒舒服服卻沒有真正幸福的生活。他們之所以這麼做，只是不想太過辛苦，而且懼怕困難。但這樣一來，他們就永遠不算是真正地活過一回。他們也永遠體驗不到，生活已經準備好了何等豐富的饋贈。」

兩個人默默地喝著熱巧克力。過了好一陣子，老奶奶說：「等妳從加州回來，我們再說說白色石頭的事。現在我要給妳一件有用的禮物，妳馬上就能用得上。」說著，她站起身，取回來一個十分古老的放大鏡，鄭重其事地放到綺拉手裡。

「放大鏡？」綺拉問。她不敢問這東西到底有什麼用，因為她剛剛學過要尊敬大人。

「先用它看看這些相片。」老奶奶微笑著，有些神秘地建議道。

「天哪，她會讀心術！」這個念頭驀地掠過綺拉的腦海。她照著老奶奶的話，挑出一張哈倫坎普先生的照片，然後把放大鏡放到照片上。哇，照片中的人臉一下子變形了，好像動了起來！綺拉趕緊把雙眼緊緊閉上，可這是真的：人臉確實在動。她猛地意識到，人臉確實在說話！

綺拉還沒驚訝完，就突然聽見腦海裡響起了一個聲音。她辨認出了這個聲音：這分明是哈倫坎普先生！這個聲音說道：「錢幣正反兩面的秘密，不知道綺拉調查得怎麼樣了。」

綺拉嚇得一鬆手，放大鏡掉到了地上，那個聲音隨即消失了……不可能！照片絕對不會說話！綺拉不禁看向錢錢，可錢錢看起來沒有絲毫不安。恰恰相反，牠尾巴搖個不停，就好像這是全世界最司空見慣的事。綺拉暗暗嘆了口氣，她多麼想再和錢錢說話啊。

老奶奶親切地看著綺拉，藍眼睛閃著光亮。綺拉忽然感到，一切本該是這樣。她不再感到害怕了。

綺拉突然想到一個點子。她在相簿裡找到了錢錢的照片，然後拿起放大鏡。這一次，她的手因為激動而發抖。如果成功了的話……綺拉將放大鏡放到照片上方。

一串聲音立刻浮現在綺拉的腦海裡，非常響亮：「汪，汪，汪！」她大失所望，正想放下放大鏡，卻聽見了一個久違了的熟悉的聲音：「開個玩笑啦。我當然還可以和妳說話，讓妳能聽懂。」

綺拉細細看著那張照片。錢錢的嘴並沒有動。可是她很快又

想起來，錢錢「說話」的時候嘴從來不動，牠會心電感應。

老奶奶一直和善地望著綺拉，臉上笑瞇瞇的。

綺拉靠到椅背上，試著拿放大鏡快速掃過一排排的照片，與此同時，她的腦海裡閃過了好多好多念頭。「這簡直是奇跡。」綺拉喃喃自語，語氣裡半是感歎半是疑問。

老奶奶依舊微笑著，她說：「到底什麼是奇跡呢？大人把他們不理解的事物稱為運氣——當他們運氣極好的時候，就說這是奇跡。」

綺拉反駁說：「可是，先是錢錢對我開口說話，而現在只要我舉起您的放大鏡，也能聽見照片上的人說話。這可真是太不尋常了。」

老奶奶激動地解釋道：「我剛才說過了，妳要面對一系列超乎尋常的艱鉅任務，也必須要經歷一段艱險的旅程，所以妳也會收到一些非比尋常的禮物。任務和幫助總是結伴而來。」

綺拉堅持道：「但這就是個奇跡，不是嗎？」

老奶奶問：「那麼對妳來說，奇跡是什麼？妳能給我一個科學的定義嗎？」

綺拉考慮了好一陣子。綺拉想起了之前上過的物理課，說：

「奇跡就是違反了科學定律的事，用科學定律無法解釋。」

老奶奶贊同地點點頭，然後問道：「妳相信自己能讓科學定律『失效』嗎？妳能創造奇跡嗎？」

綺拉使勁搖了搖頭。「沒人能做到。」她回答道。

老奶奶拿起一顆看上去十分名貴的陶瓷蛋，問道：「如果我鬆開手，那麼按照萬有引力定律，這顆蛋就會掉到地上，對嗎？」綺拉點點頭。

老奶奶毫無徵兆地鬆手，讓陶瓷蛋掉了下去。綺拉本能地向下伸手，趕在陶瓷蛋快要落地前接住了它。

老奶奶滿意地咧嘴笑起來，問道：「妳有意識到自己剛剛做了什麼嗎？」

「我接住了這顆蛋。」綺拉回答。

「妳做的事比這個重要太多了！」老婦人補充說，「妳用自己的行為，在短時間內讓萬有引力法則失效。按照妳自己的定義，妳剛剛創造了一個奇跡！」

「但沒有誰會把這個當成奇跡啊。」小女孩反駁道，「我只是接住了一顆蛋而已。」

老奶奶繼續耐心地解釋：「我們不會把自己已經理解的事情

當成奇跡。可每一次的幫助都是一個奇跡。靠著這些幫助，我們才能完成單打獨鬥時無法完成的事。與此相比，那些我們不理解的事還算不上是超自然的，我們只是不知道該如何解釋它們而已。至於這個放大鏡是怎麼回事，我輕而易舉就能說清楚，不過這並不重要，因為目前我們可沒時間說這個。妳得趕快回家去了。」

綺拉望著這位睿智的老奶奶，心底滿是疑問。只聽老婆婆斬釘截鐵地說：「妳如果能恰當使用這個放大鏡，就能寫出那篇作文來。妳在去美國的途中，會經歷一場危險的奇遇，還有一場艱難的考驗在等待著妳。這個放大鏡也會適時地幫上大忙。但當務之急妳還是趕快回家吧。」

老奶奶的語氣不容置疑。綺拉馬上將放大鏡裝進了口袋。老奶奶從那本黑色相簿裡抽出幾張照片交給她，神秘地說：「這些妳也用得上。」綺拉把照片也同樣塞進了口袋，真心地謝過老奶奶，然後以最快的速度飛奔回家。

綺拉悄悄地快步穿過花園，盡可能輕手輕腳地爬上梯子，爬到了自己的窗戶前。她剛往房間裡瞥了一眼，就猛然意識到不太對勁。不，是完完全全不對勁！這下全完了！

她看見莫妮卡坐在床上哭，媽媽在一旁安慰她。還有──爸爸正站在房間中央揮舞著雙臂，滿臉通紅，怒氣沖沖。綺拉原本想順著梯子再溜下去，但被爸爸發現了。

「呵，小屁孩在這裡呢！」爸爸吼道。莫妮卡哭得更凶了。綺拉頓時覺得渾身發燙，簡直像發了 41℃ 的高燒。她慢慢爬回房間裡。爸爸繼續大吼：「小姐，請你給我說清楚！」

綺拉結結巴巴地道歉：「我只是想……想……想知道，怎麼寫……寫……寫作文。我……我……我自己……真……真……真的……做不到……」

媽媽難過地說：「我本來以為可以相信妳的！」爸爸深吸一口氣，醞釀著下一句吼叫。綺拉恍恍惚惚地坐到床上，挪到莫妮卡的身邊。

爸爸還在氣得直喘粗氣，媽媽責備道：「妳到底是怎麼想的？我們都擔心死了！」說完，她又輕聲補充了一句：「我對妳太失望了。」

這下子，綺拉可承受不了了──她寧願爸爸對她大吼大叫！於是，她也開始哭了起來。

在爸爸媽媽的注視下，綺拉慢慢平靜下來，努力讓自己思

考。忽然，她想起了今天早晨從金先生那裡學到的道理，其中一條就是要尊敬父母。於是，她小心地說：「對不起，讓你們失望了。我不是故意的。我只是想知道該怎麼寫那篇作文，就去請教了金先生、哈倫坎普夫婦和特倫夫太太。」

令綺拉意想不到的是，父母居然在耐心地聽。她接著說下去：「昨天我說話太冒失了，我也要道歉。我知道自己錯了，對不起。」

媽媽一下把她摟進懷裡——媽媽從來不會一直生氣，對任何人都是這樣。爸爸看上去也沒那麼惱怒了，他說：「好吧，那我們就繼續讓妳關禁閉。反正妳本來就被禁足了。但是妳得答應我別再逃跑了，不然我就把窗戶也鎖上。」

綺拉答應了，答應得心甘情願。要是被關到一間門窗上鎖的小黑屋裡……啊，想想都覺得恐怖！

接著，綺拉又向莫妮卡道歉，因為自己給她帶來了那麼大的麻煩。莫妮卡對此並不介意，讓她很高興的是，這下總算可以離開了。她們互相擁抱的時候，莫妮卡順手塞給綺拉一枚古老的硬幣。「這是馬塞爾今天下午帶來的。」她小聲說。這下，就剩下綺拉孤身一人待在房間裡了。各種想法在綺拉腦子裡橫衝直撞，

現在她終於能安安靜靜地思考了，

她甚至感到有些雀躍。金先生總是說：「時不我待，別去等待更好的時機。任何時候都要泰然處之。無論遭遇什麼情況，都要努力尋找積極的一面。」

綺拉決心發掘這次關禁閉的好的一面。她要好好思考，試著寫出作文來。「等等，」她修正了自己的想法，「我不要嘗試去寫，而要立刻著手去寫。因為我早就學過：所謂『嘗試』，只不過是在為失敗提前找藉口，為自己找退路。」

不過，綺拉還是很想聽聽那些照片「說話」來解解悶。一想到放大鏡，她就忍不住想笑。

過了一下子，她又開始對著成功日記暝思苦想起來。她將自己的點滴成就都記錄在這個本子裡，可是今天她想不出要記些什麼，她覺得今天就是「錯誤」的一天。

稍後，她還是想起了幾件事：

1. 即使受到了不公平的對待，我也沒有放棄。
2. 我已經開始尋找那個作文謎題的答案了。
3. 我有馬塞爾和莫妮卡兩個好朋友。

4. 我學到了一些重要的東西：

- 要尊敬父母

- 不要陷入「公平陷阱」

- 只說別人的好話

5. 我向父母道了歉，他們不再那麼生氣了。

最後，綺拉漸漸進入了夢鄉。

Chapter 4

作文

綺拉醒得很早。她睡得很不踏實,而且噩夢連連,卻記不起都做了些什麼夢。

今天,爸爸媽媽允許綺拉離開房間吃早餐。這是個積極的信號:他們很顯然沒那麼生她的氣了。接著她又開始思考那篇作文:一枚古代硬幣的兩面。「好棒的題目啊,」她想,「我必須得寫出來。」不知怎的,綺拉開始期待起即將到來的歷險。如果她現在知道那一切會有多危險,她肯定會害怕得發抖的。

綺拉絞盡腦汁地思考了兩個小時,還是想不出來該寫點什麼。但她知道自己不能放棄。金先生總是說:「失敗者永不獲勝,因為他們輕言放棄;勝利者終會凱旋,因為他們堅持到底。」

金先生說起放棄時,常常用到一個比方。他說:「我們每個人身上都有一個巨人和一個矮人。他們就住在我們的頭腦裡,我

們可以聽見他們說話。矮人不停地對著我們耳語：『放棄吧，這是沒有意義的。』巨人則鼓勵我們永不放棄。」綺拉腦海裡想聽見的是那個巨人的聲音。而每當她有所動搖的時候，她就知道，矮人又開始說話了。綺拉就會央求矮人快快閉嘴。嗯，她一定會有辦法的……

這時，她想起了馬塞爾從他爸爸那裡拿來的古幣，那是莫妮卡塞給她的。綺拉摸出錢幣，好奇地觀察著。硬幣的一面磨損嚴重，模糊不清。而另一面上，綺拉能清晰地辨認出一個男人的肖像，看上去像是一位皇帝——在綺拉看來，他充滿著智慧，相當有權勢。當然，也許每一位皇帝都很有權勢……

肖像的下方刻著一個名字，可是已經看不清楚了：馬可‧奧……她無助地端詳著這枚錢幣，琢磨了好久。怎麼才能悟出這正反兩面的含義呢？

綺拉的目光第五十次掃過這位皇帝的臉。馬可‧奧，馬可‧奧……要是她能破解這個人的名字就好了。突然，她想起了老奶奶給她的那個放大鏡。她從口袋裡掏出放大鏡，把它舉到那串字母的上方。現在她真的破解出來了：

馬可・奧里略

綺拉在歷史課上學過，馬可・奧里略是一位非常偉大又聰慧的皇帝。她的歷史老師萊希先生對這位皇帝一直讚不絕口。

綺拉正要拿開放大鏡，古幣上皇帝的臉忽然微微動了一下。綺拉嚇得把放大鏡扔到了床上。她想：不可能啊，放大鏡應該只對照片有效啊。可誰知道呢，畢竟古代又沒有照片。也許過去在古幣上壓印的圖案，就相當於照片了。想到這裡，綺拉又好奇地把放大鏡舉到古幣上方。

皇帝的臉又動了起來，與此同時，綺拉的腦海裡也出現了一個聲音。起初，她聽不太懂，因為這個聲音既滄桑又微弱，彷彿是從遙遠的地方傳來的。但後來，聲音變得愈來愈響亮，綺拉也聽懂了每一個字：

無論何人，手握此幣，都須知曉：汝亦雙面。兼顧雙面，方得真福。觀汝外面，汝當銘記，生於人世，必需錢財，以滿足物欲，維持生存。試觀內面，汝當銘記，神之力量，汝當修習。感恩助人，神性日增。唯此兩面，皆汝本真，均為要義。兼顧兩

面，得償所願；若有偏廢，喜樂無存。

「哇！」綺拉激動地叫出聲來，「真不敢相信，一位皇帝在和我說話，他已經去世了大概有──」她飛快地心算了一下，「快兩千年了。」綺拉趕忙拿來一張紙，盡可能詳盡地記下她聽到的每一句話，卻發現自己無法記住所有的內容。於是，她又用放大鏡對著皇帝的肖像反覆看了幾次。相同的聲音一次次在她腦海裡響起。

最後，綺拉終於記下了所有這些話。「多謝您，陛下！」

她一邊說著，一邊照著電影裡的樣子，對著古幣鞠了一躬。當然，綺拉從沒見過真正的皇帝，所以也不確定如此稱呼這位君王是否恰當。無論如何，至少她盡力了。

現在，綺拉瞭解了古幣正反兩面的含義。可是單憑這個，她還是無法組織好語言，寫出一篇好作文來。她嘗試了各式各樣的體裁和開頭，但都不太滿意。最後，她打定主意，不再故作高深地顯得自己滿肚子學問，就用簡單質樸的語言寫作。她寫道：

親愛的領事先生：

起初，這個難寫的題目實在令我氣惱。但現在我相信，這篇作文對我大有益處，因為我從中學到了一些重要的東西。

　　這幾個月以來，我賺了不少錢，也學會了理財。我甚至會為其他孩子舉辦財務講座，幫助他們管理金錢。這就好比古代硬幣的一面。

　　然而，我忽略了它的另一面。我對自己的父母不夠尊敬，對別的大人也很沒有禮貌。我老是取笑我最好的朋友。雖然她也會跟著我笑，但我知道，我已經傷了她的心。我為我所做的這一切道歉。

　　我認識一位非常富有的人。我覺得他身上最棒的一點是，他會幫助我，而且對我總是十分友善。我想，他「擁有」了硬幣的正反兩面。

　　鄰居哈倫坎普太太烤的甜甜圈世界第一好吃。她說，甜甜圈是一種象徵，就像古代的錢幣一樣，只不過甜甜圈還很美味罷

了。甜甜圈由外面的圈和中間的孔組成，就像一枚古幣有正反兩面。那個圈就是金錢，以及所有我們能買到的東西。中間的孔就是品格，是看不見的東西。優秀的品格是無法衡量的，再多的錢也買不到。不過一旦人具有優秀的品格，就會擁有好朋友，也會感到幸福快樂。這種內在的東西和外在的東西同樣重要。

鄰居特倫夫太太的家裡遭過小偷。也許小偷就是那種只注重外在一面的人。特倫夫太太說，他們是肯定不會幸福的。我也這麼認為。

一枚古幣有兩面。而我也要從現在開始思考，如何才能為他人帶來快樂，如何才能幫助他人。雖然我還不知道該怎麼做，不過幸好我認識很多優秀的人，可以向他們學習。

綺拉

P.S. 我覺得，古羅馬皇帝馬可‧奧里略也是這麼想的……

綺拉在寫最後一句的時候，忍不住笑起來。這位「老男孩」到底是不是這麼想的呢？——「抱歉！陛下，您當然是這麼想的！」她哈哈大笑了好一下子。

綺拉飛快地把這篇作文工工整整地謄寫了一遍，剛才的草稿寫得過於潦草，她隨手就扔進了紙簍。

然後，綺拉叫來了爸爸媽媽。爸爸按捺不住好奇，他坐進辦公椅裡，認真地讀起了這篇作文。媽媽則站在爸爸的身後看著。

讀完以後，他們沉默了片刻，隨後爸爸說：「綺拉，妳寫得太精彩了。我真為妳感到驕傲！」

「我完全認同。」媽媽說道，「我們最好馬上就把它寄出去。」爸爸嚴肅地打量了綺拉一陣，然後說：「我想，你為自己爭取到了親自去郵局寄信的機會。但是寄完信要直接回家。」

綺拉迅速把信裝進一個信封裡，披上一件夾克就跑出了家門。綺拉剛剛拐到郵局所在的街道上，就被人一把抓住了肩頭。她戰戰兢兢地轉過身，看到的竟然是姑姑那惡狠狠的臉。姑姑呵斥道：「我還以為妳這丫頭被關禁閉了呢。又偷偷跑出來了吧？」

綺拉辯解道：「才不是呢，我終於把作文寫完了，所以能自己來寄信。我爸批准我來的！」

姑姑凝神考慮了一下，手還是牢牢地抓著綺拉，說：「反正我也要路過郵局，可以幫妳把信投進郵筒。妳把信放哪裡了？」

不等綺拉回答，姑姑從下往上掃視了綺拉一遍。裝著作文的信封從綺拉的夾克口袋裡露了出來。綺拉還沒回過神，姑姑就已經把信搶了過來，閃電般地塞進了自己的包裡。

綺拉沒能攔住她，當即有了一種不好的預感。她相信姑姑什麼事都幹得出來，除了好事。自從在黑色相簿裡看到了姑姑的照片，綺拉就清楚自己得時時提防著她。可是綺拉不能把這些透露給爸爸媽媽，因為他們根本不會相信。

姑姑忽然顯出十分著急的樣子。她鬆開了綺拉的肩膀，快步走開了。姑姑離開的時候一定在冷笑，綺拉對此深信不疑。

綺拉的思緒轉得飛快。她還能做些什麼呢？這時，她想到了一個主意。她飛奔回家，回到自己的房間裡拿出那個放大鏡，接著取出神秘老奶奶送的那一疊照片。沒錯，姑姑的照片也在裡面。綺拉把放大鏡舉在照片上方，姑姑那張臉頓時動了起來，陰險地笑著。同時，綺拉腦海裡也傳來了聲音，那是姑姑在輕輕咳

嗽。然後，她清楚地聽見了姑姑的說話聲：「太好了，我總算逮住這個沒用的臭丫頭了。我才不會把這封信寄出去。沒人會相信這個臭丫頭，哼！」

綺拉不懂，為什麼姑姑會這樣討厭自己。她不由得想起，有一次爸爸這樣評價他們以前的房東，那個房東一直不允許他們養狗：「問題其實不在於狗，他只是自己不喜歡，就也不想讓別人快樂。」也許姑姑就是這樣。她看上去和他們以前的房東是同類人，既尖酸刻薄又怨氣沖天。

但是綺拉必須得採取行動。幸好她還有這篇作文的草稿。綺拉把草稿從紙簍裡撿了出來，重新謄抄了一遍。

這時，綺拉突然又想起了領事館裡的胖女士，於是冒出個想法。綺拉曾言語冒犯過那位史蒂文斯女士，感到非常過意不去，她決定在那篇作文後附上一封道歉信。綺拉還想告訴那位女士，這篇作文讓她認識到了自己的錯誤，對她幫助頗大。寫完這封信，綺拉的心情好了很多。隨後她把這篇作文、道歉信和給馬塞爾的字條交給了錢錢，請馬塞爾替自己去領事館送信。錢錢當然立刻辦好了這件事，這對牠來說不過是最簡單的訓練之一，因為牠是一隻獨一無二、聰明絕頂的狗。

不到一個小時，錢錢就回來了。牠沒辦法跳到車庫頂棚上，就在樓下大門邊大叫起來。爸爸媽媽應聲開了門。萬幸的是，他們並沒有起疑心，也沒有注意到牠項圈上的小紙條。綺拉偷偷取下字條，讀道：

親愛的綺拉：

　　一切都很順利。不要擔心。
　　妳一定辦得到。

　　　　　　　　　　　　　　　　馬塞爾

已經很晚了，但綺拉還不想睡。她又看了一遍老奶奶給她的那一小疊照片。有一張照片吸引了綺拉的注意。照片裡是一個膚色黝黑、鬍鬚烏黑濃密的男人。他雙眼烏黑，右臉頰上有一道傷疤，鷹勾鼻相當明顯，牙齒很黃。綺拉頓時覺得脊背發涼。這個人身上有種莫名的恐怖和邪惡氣息。

這天晚上，綺拉睡著後又做了噩夢。她先是夢見了那位睿智的老奶奶，她語氣急切地對綺拉說：「每當有人尋找白色石頭的時候，那些擁有黑色石頭的人就會想方設法進行阻撓。」

然後，她又夢見自己坐在一架飛機上，正撞向一座高山……綺拉一下子驚醒了，冷汗浸濕了全身。綺拉知道，做這樣的夢，一定會有不好的事情發生……

老奶奶的話到底是什麼意思呢？綺拉怎麼也想不懂，這簡直像謎語一樣！

Chapter 5

前往加州

接下來的幾天風平浪靜。莫妮卡一直幫綺拉照看著那幾隻狗。幾天後，爸爸媽媽不再關綺拉的禁閉，她總算可以自由行動了。然而綺拉愈來愈緊張，因為她還沒有收到美國領事館的任何消息，但願他們不要覺得那篇作文太糟糕……等待真的非常難熬，綺拉都快把放大鏡和黑色相簿裡照片的事忘在腦後了。

後來，領事館終於來消息了，是領事親自打的電話，點名要和綺拉說話。綺拉迫不及待地從媽媽手裡接過了電話。

領事說：「綺拉，我很欣賞妳的作文，真的非常出色。我為能發給妳這筆獎學金而感到驕傲。我們兩國的關係將會日益緊密，我們兩國的文化也能增進交流……」

綺拉卻聽得有點出神。哇！她做到了。她一定要在成功日記裡記上一筆！「真的非常出色。」這可是領事親口說的！

領事繼續說道：「我還有個消息，不過最好還是讓史蒂文斯女士告訴妳，她想和妳說幾句話。」胖女士接過電話：「妳好，綺拉。我也要恭喜妳寫出了作文，但更讓我高興的是妳的來信。妳真是個好女孩。」她的語氣好像變了一個人，原來，她也可以非常親切和善。綺拉很慶幸自己在信中道了歉。

史蒂文斯女士繼續說道：「妳即將要去的學校裡，有許多像妳一樣天資聰穎的孩子。那裡每年都會舉辦一場演講比賽：選拔口才好的學生當眾演講，講得最好的人可以獲得 1,000 美元的獎金。」

綺拉想不通胖女士為什麼會說起這個，不過她很快就知道了原因。「我幫妳報名參加了那個演講比賽，」胖女士說，「妳已經在決賽名單裡了。一般來說，參賽者必須經過層層選拔，但是妳已經來不及參加了。因為妳是從國外來的，沒辦法參加預賽。然而考慮到妳已經在公開場合演講過，所以學校同意了我的申請。在此向妳表示衷心的祝賀。」

綺拉能感覺到，胖女士是真心為自己好。但她不會知道，綺拉第一次當眾演講時有多麼怯場……首次登臺前，綺拉太害怕了，幾次打退堂鼓。後來，在大家的勸說鼓勵下，她才改變了想

法，勇敢地邁出了這一步。當時朋友們都來為她助陣，在臺上時她也只需要回答銀行顧問海娜女士提出的問題。

綺拉把自己的想法告訴了胖女士，但她只是說：「我相信妳一定能做得很好。」

綺拉對自己一點信心也沒有，但她還是乖巧禮貌地道了謝，掛了電話。她把這一切都講給爸爸媽媽聽，他們也都為綺拉感到欣喜和驕傲。

就在這時，綺拉突然意識到一個可怕的事實：她必須在加州演講，那裡的人都說英語，而她只會說一點點英語。這麼一想，綺拉的心立刻跌落到了穀底。算了，此時此刻最好還是什麼都不要想。也許到了那裡，她就能想出個方法，逃掉這次演講。一定可以的。現在她必須集中精力去處理別的事情。還有幾天就要動身了，她還有許多事情要辦，還得收拾行李呢。

啟程的日子終於到了。綺拉心情沉重地和朋友們道別。她會想念朋友們的。不過等她回來，她一定會有很多故事和大家分享。大家紛紛祝她一帆風順，都很羨慕她能去美國。而綺拉一直沒告訴大家：有位老奶奶曾警告過她，這趟美國之行會遇到危險。

綺拉還不得不和錢錢暫時分開。她原本想著無論如何都要帶上牠，因為她根本無法想像，要有足足六週都見不到最喜歡的錢錢！可是領事館的工作人員解釋說，如果非要帶牠去，錢錢就得被關進類似監獄的籠子裡，接受為期幾周的隔離檢疫。綺拉實在不忍心讓這隻白色的拉布拉多受罪，只好暫時與錢錢分離。綺拉緊緊地擁抱了錢錢好半天，最後鬆手的時候，錢錢飛快地舔了一下她的臉。看來，綺拉還是沒能讓牠改掉這個壞習慣。

　　綺拉正要上車，忽然想起了什麼，頓時心裡如沸水般翻滾起來：她忘記帶上放大鏡和照片了！她趕緊衝上樓梯，跑向自己的房間。

　　匆忙之中，綺拉被腳下的地毯絆了一跤。伴隨著一聲巨響，她滑倒在一艘輪船模型上，那可是爸爸用幾千根火柴搭建的輪船模型啊。有一次，綺拉結結實實地摔到了上面，把它弄得支離破碎，爸爸只好重新搭建，足足花了好幾個月的工夫。而現在，這個模型再一次支離破碎了。爸爸又像瘋了一樣大聲咆哮道：「我四個月的心血啊，全被妳給毀了！」

　　綺拉感覺糟透了。她知道，這可不是個好兆頭，上一次，她的冒險就是這樣開始的。接著她又冒出一個念頭：爸爸還是去蒐

集石頭好了，畢竟石頭不會這麼容易被摔碎。但綺拉也明白，現在最好還是別去和他提這個建議。

等到坐上了飛機，綺拉終於高興起來。她繫好安全帶，懷著忐忑的心情等待飛機起飛。這時，她的目光落在一個有深色頭髮和烏黑鬍鬚的男人身上。綺拉想：這個人我好像在哪裡見過。可她左思右想，就是想不起來。不知怎麼的，這個人看上去有些莫名的恐怖，好在他坐在綺拉的前幾排。

飛機發動，開始緩慢地向前滑行時，綺拉回想著自己這些天以來的經歷。美國領事館、作文、金先生的準則、甜甜圈、白色石頭、放大鏡和照片，以及睿智的老奶奶……

照片！綺拉猛然想起來在哪裡見過那個男人了！黑色相簿裡就有他的照片，綺拉在噩夢裡好像也見過他……一時間，綺拉心驚膽戰，如坐針氈。那位老奶奶曾經再三叮囑她，這個男人十分危險。但他到底會帶來什麼危險？她怎麼才能打探出他的計劃？

這個男人慢慢轉過身來看著綺拉，好像猜中了她的心思。綺拉覺得，他那雙烏黑的眼睛簡直要把她看穿了。綺拉害怕得身子慢慢往下滑，深深地陷進座位裡。她甚至想把外衣拉起來，把自己的頭遮住。

但好奇心終究占了上風。綺拉小心翼翼地透過前排兩個座位間的縫隙望過去。那個男人正在打量著其他乘客。綺拉突然看到他戴著一條項鍊，項鍊上掛著一塊黑色的石頭。綺拉猛地想起來，昨天晚上她做噩夢時，那位睿智的老奶奶說：「每當有人尋找白色石頭的時候，那些擁有黑色石頭的人就會想方設法進行阻撓。」

　　這個男人就有一塊黑色石頭！綺拉本想把空服員叫來，卻又有點猶豫不決。該怎麼跟空服員說呢？說自己認識了一位有著藍眼睛、目光炯炯的老奶奶，老奶奶住在一座本應空置多年的房子裡，還給自己看了本黑色相簿？說假如自己去尋找白色石頭，一定要提防黑色相簿裡的人，他們都是壞人，會讓自己遭遇危險，而根據他們身上戴著的黑色石頭，就能辨認出他們？說這些有用嗎？

　　別人一定會覺得她瘋了。而空服員會認為，她是因為坐飛機過於緊張，導致眼前出現了妖魔鬼怪的幻象。綺拉的腦子飛速運轉著。必須採取行動才行！但到底要採取什麼行動呢？

　　綺拉把手伸進口袋，這樣有助她思考。放大鏡！一個念頭閃過她的腦海。老奶奶說過，遇到危險時，這個放大鏡會幫她的大

忙。然而放大鏡被裝在了登機包裡，而登機包放在了座位上方的行李架上。綺拉馬上解開安全帶，想要起身。

「那位小姐，請您坐好。我們馬上就要起飛了。」空服員大聲喊道。綺拉被嚇了一跳，只好乖乖聽令坐好，但她必須要拿到放大鏡……

綺拉想到了一個辦法，她對空服員喊道：「我急著吃藥。藥就在上面的包包裡。我能把它拿下來嗎？」

「等到起飛以後再拿不行嗎？」空服員沒好氣地問。

「不行，那就太晚了。」綺拉裝模作樣地叫起來，一副病得很厲害的樣子。有幾位乘客回頭看了看她，其中就包括那個黑鬍男。黑鬍男惡狠狠地瞪了她一眼，黑眼睛裡滿是恨意。綺拉嚇得一哆嗦。現在她真的感到頭暈噁心，根本都用不著假裝了。

空服員也擔心起來：「請坐好，我馬上把包包遞給您。對了，您要喝水嗎？」

綺拉搖了搖頭，然後在包裡摸來摸去，裝出拿藥的樣子。與此同時，她快速翻出放大鏡和照片，把它們偷偷塞進外衣裡。幸虧空服員沒有注意到她的舉動。接著，她將登機包放回座位上方的行李架上。

空服員剛走，綺拉就開始翻找那個黑鬍男的照片。她正想把放大鏡放到照片上方，飛機開始加速了，幾秒鐘後從地面騰空而起。「太晚了！」綺拉心想，她緊張地咽了咽口水，「現在我們已經身在空中了。」

　　儘管如此，綺拉還是想儘快用放大鏡看看那張照片。她用餘光瞥見身旁坐著一個男孩。不過她沒有分心去搭理他，因為那個黑鬍男佔據了她全部的注意力。還有，她千萬不能讓男孩知道她在做什麼。

　　想偷偷看照片並不容易，因為綺拉感到那個男孩正在觀察自己。於是，她拿起飛機上的雜誌，把照片夾在裡面，把雜誌的一面高高豎起。這樣一來，那個男孩就看不到她到底在幹什麼了。接著，綺拉瞇起眼睛，就像是沒戴眼鏡看不清字一樣。

　　綺拉正要拿起放大鏡，飛機廣播響了：「我是本次航班的機長。飛機即將遇到一股強烈的氣流，請大家繫好安全帶，調直座椅靠背。」

　　話音剛落，飛機驟然下降，感覺就像坐在突然垂直俯衝的雲霄飛車上一樣，失重感比坐雲霄飛車時還要強烈至少十倍。綺拉感到肺部縮成一團，幾乎不能呼吸。一陣陣噁心湧上來，綺拉在

絕望中仍攥緊放大鏡，但飛機劇烈地顛簸搖晃，她什麼也看不清楚。

　　就在這時，旁邊的那個男孩忽然緊緊抓住了綺拉的手臂，她被嚇得差點把放大鏡扔了。「我們都要死了！」男孩帶著哭腔說，「飛機要墜毀了。」

　　綺拉吃驚地望著他。男孩約莫九歲的樣子，看起來有點古怪。他的皮膚格外白皙，不，是格外蒼白，就好像臉上搽了粉一樣。也許他也只是暈機吧。誰知道此時此刻她自己又是個什麼鬼樣子！可讓綺拉覺得古怪的並不是這個，而是男孩的眼睛。他的眼睛——儘管不可能，但卻千真萬確——是紅色的。

　　有一瞬間，綺拉甚至覺得自己在做噩夢。她只在恐怖片裡見過紅眼睛。出於本能，她挪得離男孩遠了一些，想把他的手從自己手臂上拿開。但他反而抓得更緊了。綺拉開始慌了，不過她很快意識到男孩似乎比她更害怕。他渾身發抖，牙齒咯咯打顫，看起來是嚇壞了。

　　綺拉擔心地問他：「你暈機了嗎？你臉色看起來很蒼白。」

　　「我一直都是這樣，我有白化症。」

　　綺拉這才發現，男孩的頭髮也是白色的。他全身都是雪白

的。

「我太害怕了，」男孩不斷重複說，「我夢見我們的飛機撞向了高山，大家都死了。我就是知道。」

「小聲一點，」綺拉驚恐地提醒他，「你怎麼就知道這不是一場噩夢？」她覺得更噁心了，顛簸一陣又一陣，停不下來。

「我就是知道！到目前為止，我們都只是走運而已。但沒人相信我。」男孩固執地說。但他聽進去了綺拉的話，壓低了聲音。

綺拉小聲問道：「你跟你爸爸媽媽講過嗎？」

「我沒有爸爸媽媽了……他們都死了……出了意外……現在我也快要死了。」

綺拉滿懷同情地看著男孩。「多可怕啊！他失去了爸爸媽媽。相比起來，我寧願偶爾被關關禁閉。」她想。

這時，飛機突然向前猛衝，再一次栽進了下沉氣流裡。好幾個乘客嚇得大叫起來，綺拉手中的雜誌也掉到了地上。她沒法彎腰去撿，因為男孩一直緊緊地抓著她的手臂。那張照片從雜誌裡面掉了出來，恰好落到男孩的腳邊。照片正面朝上，男孩馬上認出了那張臉，大聲叫嚷起來。他一把放開了綺拉的手臂，喊道：

「我認識這個男人！他就坐在這架飛機上，坐在我們前面，看起來很兇狠。你怎麼會有他的照片？」他邊喊邊盡量遠離綺拉，雖然繫著安全帶，也是能挪多遠就挪多遠。

綺拉覺得，這個白化症男孩受了驚嚇後，可能會做出一些無法預料的事情。得讓他的情緒穩定下來。到底怎麼辦才好？綺拉又不可能把自己的秘密告訴他。她必須快點想出個辦法，要是飛機別再顛簸就好了……

綺拉想了想，決定告訴男孩部分真相：「有一位神秘的老奶奶警告過我，讓我提防這個男人。為了能讓我認出他來，老奶奶給了我這張照片。這位老奶奶我以前沒有見過，除此之外我也沒法跟你解釋更多。」她耳語道，「你一定要相信我。其實我也害怕極了。」這個全身雪白的男孩狐疑地打量著綺拉。忽然，他看上去比實際年齡變得更加沉穩了。不信任的神色從他臉上慢慢消失了，他悄聲說：「如果有人說謊，我是能感覺出來的。妳剛才說的是真的。」然後，他做了自我介紹：「我叫彼得，彼得·科勞斯米勒。」綺拉渾身一顫。

「我也叫克勞斯米勒，綺拉·克勞斯米勒。」她輕聲回答。
「你叫什……什……什麼？」男孩結結巴巴地問。綺拉拼讀著自

己的名字：「綺──拉──克──勞──斯──米──勒。」

「應該是『科』，科勞斯米勒。」彼得提出異議。

「我知道怎麼寫自己的名字。」綺拉生氣地說。

「是『科』，科勞斯米勒這個名字就得用『科』！」彼得尖聲說。綺拉做了個輕蔑的手勢，用手敲了敲腦門，意思是：你腦子是不是有問題？就在這時，飛機又猛地顛簸了一下，綺拉的手指差點就戳到眼睛。

「嘿，我們等一下再吵吧，現在不是時候。」綺拉回過神來。彼得擺出一副承認她有理的樣子，說：「是啊。那我們就寫『科勞斯米勒』吧！」

真是不可理喻，頑固到不行。綺拉打定主意，趁著飛機沒那麼顛簸，還是先看照片吧。她從地上撿起照片，再一次舉起了放大鏡。

彼得在一旁激動地嘀咕：「我視力也很差，和我爸爸一樣。但我的聽力也因此比一般人更好。」

這話正合綺拉的心意。就讓彼得以為她幾乎半瞎吧，這樣他就不會起疑了。於是，綺拉迅速將放大鏡舉到照片上方。照片上那黝黑的面龐立刻扭曲成了一副兇惡的嘴臉。幾乎是同時，綺拉

聽見腦海裡有個聲音說道：「這個粉筆頭絕不會活著走下這班飛機。終於能幹掉他，真是太令人高興了。這下那個老傢伙的錢總算歸我們了。那個女人也會拿到這筆錢的。」

綺拉的後背和前額直冒冷汗，她害怕得放下了放大鏡。這個黑鬍男的聲音比他的樣貌還要兇狠，最可怕的是他所說的話！毫無疑問，這個男人想殺死她身旁的男孩。他說得一清二楚。

「粉筆頭」，他這麼說。啊，他說的肯定就是彼得，畢竟彼得全身雪白！真是太刻薄了！綺拉也知道了他的動機，一定是某個犯罪集團圖謀彼得父母的財產。可是他話裡提到的「那個女人」又是誰呢？而最最關鍵的是：這個男人究竟有什麼計劃？綺拉再次迅速把放大鏡舉到照片上方。但這一次什麼也沒有發生。很顯然，那個男人此時什麼都沒想。綺拉只能等待。彼得這時湊過來說：「你到底在照片裡找什麼？」

「沒什麼。」綺拉只想安撫好彼得。她能跟他說些什麼呢？現在，氣流引起的顛簸已經完全停止了，安全帶指示燈也熄滅了。綺拉把照片和放大鏡塞進褲子口袋裡，起身去洗手間。

她想到洗手間裡再看看照片，查出那個男人的確切計劃。經過空服員身邊時，空服員問綺拉是不是感覺好點了。「好點了，

好點了。」綺拉很快地嘟嚷著，繼續往前走。一進洗手間，她馬上鎖好門，拿出放大鏡仔細端詳照片。那個聲音終於又在她腦海裡出現了：「我只需要等待，等那兩個小鬼睡著了，把毒藥倒進他的杯子裡，就可以順順利利地拿到錢了，哈哈哈！」

綺拉嚥了幾口口水。毒藥！這個男人想毒死彼得！綺拉不明白人為什麼可以如此惡毒。她臉頰滾燙，飛速在心裡盤算著自己能做些什麼。想要對付這個男人，單靠他們兩個是沒有勝算的。也許她應該試著去駕駛艙，找機組人員求助。

綺拉把照片和放大鏡塞回口袋。打開洗手間的門時，她嚇得差點癱軟在地——那個黑鬍男就站在眼前，面色陰沉地盯著她。綺拉趕忙從他身邊溜了過去。現在絕對不是去駕駛艙的好時機，會被黑鬍男跟蹤的。於是，綺拉又回到了座位上。彼得等得都有些不耐煩了。

「妳去哪裡了，這麼久？」他很好奇。

「我不是說了嘛，去洗手間。」綺拉答道。

「女生真是麻煩！」彼得嘀咕了一句，搖了搖頭。

綺拉很想回嘴，但還是忍住了。要幫這個傢伙真是不容易啊！她心想。幾個小時過去了，什麼都沒有發生。飛機一直都在

平穩地飛行。已經是晚上了，飛機提供了晚餐。晚餐過後，客艙裡的燈光很快就熄滅了。起初還有幾位乘客借著閱讀燈的光線看書，後來漸漸都睡著了。不知何時，彼得也靠在座位上打起瞌睡。

綺拉拼命想拉著他聊天，但他不想聊，嘟囔著說：「妳好煩啊。我現在要睡了。你們女生就是愛嘰哩呱啦閒聊。」沒過一會，他就睡著了，發出了有節奏的呼吸聲。綺拉緊張兮兮地豎起耳朵，聽著周圍的動靜。過了好久，什麼也沒發生。綺拉的精神一直高度緊張，漸漸地也感到累了。不行，她絕對不能睡，必須保持清醒！綺拉想努力睜大雙眼，但隨著時間的流逝，她的眼皮變得愈來愈沉重。彼得在一旁睡得並不安穩，不停地在座位上翻來覆去，他可能又做噩夢了。

一分鐘又一分鐘，時間走得好慢好慢，不知不覺綺拉也睡著了……突然，她清醒了過來。好像有什麼在響！綺拉微微掀開眼皮，小心地打量四周，裝作還在熟睡的樣子。沒錯，有人躡手躡腳地走了過來。

在半明半暗中，綺拉很快辨認出了那個男人的身影，就是他，沒錯！她一眼就看見了那把黑鬍子。黑鬍男把腳步放得很

輕，一點一點地靠近，最後走到了綺拉那一排。他假裝要扶住前一排座位，小心地把一個杯子放在彼得面前的小桌板上，然後看了一眼彼得和綺拉……

綺拉的心跳得撲通撲通響，聲音大得她覺得黑鬍男都能聽見。她屏住呼吸，緊閉雙眼，這樣就什麼也看不見了。接下來會發生什麼呢……過了一下子，綺拉聽見腳步聲漸漸遠去。黑鬍男走路時拖著一條腿，她確信，自己永遠也不會忘記這種拖拉聲。

綺拉戰戰兢兢地眨了眨幾乎完全閉上的眼皮。她看見那人潛回了自己的座位。顯然，他並沒有引起旁人的懷疑。現在綺拉根本睡不著了，因為她知道，杯子裡的飲料有毒。她想呀想，終於想出了一個點子來處理這杯飲料。就在這時彼得醒了。他果真又做噩夢了，夢境太可怕了，他一下子被嚇醒了。他不安地打量著四周，看見了眼前的杯子，喃喃道：「哦，空服員送了一杯可樂給我。」說著，他就要伸手去拿。就是現在，快！這個念頭閃過綺拉的腦海。她如同閃電般飛速從座位上躍起，衝向彼得，裝作不經意地打翻了杯子。杯子啪的一聲掉在地上，可樂灑得到處都是，把地毯都弄濕了。

彼得怒氣沖沖，他本來很想喝那杯可樂的。「女生真是麻

煩！！」他惱怒地嚷嚷。「哼，這種事你又不是沒碰過。」綺拉小聲嘟囔道。真是吃力不討好⋯⋯黑鬍男從座位上轉過身來，用探尋的目光望向他們。一看到地上的杯子，他立刻明白了怎麼回事，眼神頓時變得惡狠狠的。綺拉很清楚，現在他們兩個正身處險境。黑鬍男看上去什麼都幹得出來。萬幸的是，這時客艙裡的燈亮了，空服員要開始送早餐了。現在，黑鬍男不敢輕舉妄動了。綺拉鬆了口氣，靠回到椅背上。

綺拉知道，她必須提醒彼得才行。但該怎麼提醒他呢？她又能說些什麼呢？還有，彼得會相信她嗎？他好像不怎麼喜歡她。綺拉打定主意，先和彼得套套近乎，問問他到德國幹什麼來了。

彼得答道：「我爸媽過世以後，我就到寄宿學校上學，最近才放假。後來，我發現我在德國還有個遠房姑姑，就來找她了。但她很可怕，簡直是讓人毛骨悚然。在她那裡我老是做噩夢，而且她常常在我睡著以後接待客人。他們喜歡湊在一起壓低聲音說話，太詭異了！現在能回到寄宿學校去，我真是太開心了。」

雖然彼得有時候很讓人討厭，但綺拉還是十分同情他。沒了爸爸媽媽，孤身一人待在寄宿學校裡⋯⋯

綺拉和彼得說了自己要去加州的原因。彼得問：「你要去的

學校叫什麼名字？」

綺拉說了學校的名字：里約‧雷德伍德學院。

彼得重重地嘆口氣，說：「看來我短時間內甩不掉妳了。那就是我的寄宿學校。」綺拉不由心想，這一切是否都是巧合？無論如何，這下她有機會保護彼得了。但她還不能告訴彼得，他現在的情況非常危險。

從吃早餐到飛機降落，兩個人一直聊得相當熱絡。原來彼得也可以很討人喜歡——只要他願意。要下飛機了，他們一起走向出口。綺拉想找那個黑鬍男，卻發現他已經不見了蹤影。他們走下飛機，走過一段長長的、與航廈相連的通道。靠近通道盡頭處有一個急轉彎，轉彎後面有扇小門，是緊急出口。

彼得走得很急，在綺拉前面幾步。當他走到那扇小門時，門突然打開了，裡面伸出兩條手臂抓住了彼得。彼得嚇傻了，沒來得及呼救就被手臂拖著往門外拽。綺拉見狀迅速丟下行李，想要把彼得拉回來。

眼看彼得就要被拉出去了，綺拉死命抱住了他的兩條腿不放。她竭盡全力地抱緊，同時大聲呼救起來，都快叫破喉嚨了。那雙手臂死死地拽住彼得，綺拉就用全身的重量頂住門框。

彼得這時也開始呼救。有一瞬間，綺拉抬頭看了一眼，認出了把彼得往外拖的人，正是那個可怕的黑鬍子！那男人憤怒地咒罵著，使出更大的力氣去拽彼得。彼得急中生智，抓住旁邊的公用電話不鬆手；綺拉則像先前那樣拼命抱住他的雙腿，用自己的腿抵著門框。

　　儘管如此，黑鬍男仍舊可以憑一己之力把他們倆一起拖走，就在這時，有人跑了過來。跑在最前面的是一位健壯的女士。她很快就搞清楚了狀況，一隻手抓著抱住電話不放的彼得往內拽，同時掄起手提包朝黑鬍男砸去。

　　包裡一定裝了很重的東西，因為黑鬍男痛得大叫起來，猛地鬆開手逃跑了。這下彼得、綺拉和那位女士全都摔在通道裡，摔了個結結實實，一個壓著另一個，好半天才掙扎著爬了起來。這時，愈來愈多的乘客到了門邊。那位女士上氣不接下氣地講述了她剛剛看到的一切。大家一起向外張望，但已經看不到黑鬍男的蹤影了。

　　彼得筋疲力盡地坐在地上，而綺拉還抱著他的雙腿不放。剛剛那一幕太過驚險恐怖，兩個人都害怕得瑟瑟發抖。那位女士在他們身邊蹲下，說：「妳現在可以放開他了，那個傢伙跑了。」

然後她把兩個孩子緊緊地摟在懷裡。這讓他們倆覺得很安全，漸漸地不再發抖了。這時，機場的警察也趕到了，看來有乘客報了警。彼得、綺拉和那位女士講述了事情的經過。

所有人都稱讚綺拉的勇敢和沉著，綺拉謙虛地說：「是我們一起阻止了那個壞人綁架彼得。沒有這位好心的女士，我們是不可能成功的。」

話一出口，綺拉驚恐地意識到自己說了什麼：黑鬍男就是想要綁架彼得，沒有別的可能。雖然綺拉沒有告訴任何人，黑鬍子下一步想殺死彼得，但大家都清楚，彼得正面臨著巨大的危險。

他們三個必須去一趟機場的警察局。路上，綺拉對彼得飛快地耳語：「千萬別提照片的事，我之後再跟你解釋。但現在一個字都別提！」看到彼得點頭答應，她這才鬆了口氣。

這場意外明顯帶給了彼得很大的衝擊，所以他現在很信任綺拉。他悄悄說：「不好意思，我先前那樣說妳。妳根本不是麻煩的女生，而是……是……」他腦子裡搜索著恰當的詞彙，「是一個真正的女英雄！」綺拉自己倒不這麼認為，畢竟她當時怕得要命。他們來到警察局後，員警開始了例行訊問。綺拉很慶幸自己提醒彼得不要說出照片的事，因為大部分問題他們都答不上來。

不，他們不認識這個黑鬍男。在飛機上是頭一回見到他，以前從沒見過。但綺拉能描述出他的長相，甚至可以很詳細地描述——這對她來說輕而易舉，因為她已經盯著照片看了好久。但這些情況他們當然不會告訴員警。

訊問終於結束了，員警能做的也很有限，畢竟他們掌握的線索太少了，唯一有用的線索就是對黑鬍男外貌的描述。他們會根據這一點展開搜捕。

學校派車來接他們了，出於安全考慮，一輛警車會陪同他們前往。一路有員警護送，這種感覺還真是奇特啊。

綺拉坐進車裡，四下打量。這輛車內部的空間尤其寬敞，甚至能讓她放平身體，舒舒服服地躺在地上。沒錯，就是這麼寬敞。她把自己的感受告訴了彼得。

彼得笑了：「對，我們美國人就是喜歡又大又漂亮的東西。眾所周知，我們擁有全世界最廣袤、最美麗的土地。我們還有最優秀的運動員。我們也是最強大的。美國就是最好的，最偉大的……別的國家都想向我們學習，複製我們的成功。但是沒人能學得會，因為我們就是最棒的……」

彼得喋喋不休了好一陣，大吹特吹了一番自己的國家。聽著

聽著，綺拉有點受不了了，綺拉忽然想到，她真應該把第一條準則教給彼得，那就是尊重、友善和謙虛。她敢肯定，彼得和謙虛毫不沾邊。

彼得繼續誇誇其談，簡直沒完沒了。他覺得美國什麼都好，無與倫比，出類拔萃，世界第一，酷炫得不可思議。綺拉卻在心裡悄悄記下：炫耀可不討人喜歡，即使他有炫耀的資本。而且，她發現炫耀很難讓人信服。

最後，他們終於抵達了學校。

Chapter 6

寄宿學校

　　學校坐落在一座小山上，山上長滿了大樹和灌木叢。學校四周是圍牆，圍牆上還加裝了鐵柵欄。綺拉特意看了幾眼鐵柵欄，說：「不該進來的人，想進來還真不容易。」

　　彼得馬上接話道：「但想出去也不容易。」綺拉有些害怕了。是啊，照理講是這樣。

　　他們的汽車駛過大門，學校裡的建築出現在眼前。彼得告訴綺拉，這裡共有四棟大樓：兩棟宿舍大樓，一棟住男生，一棟住女生；一棟上課的本館；還有一座大型體育館。

　　汽車直接停在本館前，兩個人下了車。當然，下車前不忘向司機和友善的員警道謝，然後就去了秘書辦公室，那裡早就有人在等候他們了。因為員警提前通知了校方他們抵達的消息。

　　女秘書向他們問好，接著把他們領進了校長辦公室。校長斯諾頓先生面相溫厚，看上去憂心忡忡。他把手放在彼得的肩頭

說：「你能沒事真是太好了。不管怎麼說，你在這裡是安全的。歡迎回來。」接著他轉向綺拉：「歡迎來到里約·雷德伍德學院。我已經聽說了很多關於妳的故事，我非常期待妳參加演講比賽。」

綺拉請校長稍微講慢點，因為她的英語還不太好。校長很理解地點點頭，再次開口時語速就慢多了：「妳是個聰明的孩子，我覺得，只需要兩週時間，妳就幾乎能聽懂我們的話了。等到演講比賽的時候，妳的英語肯定已經說得很流利了。別擔心。」

「但我好害怕參加演講比賽。」綺拉回答。

斯諾頓先生聽了笑了起來，他說：「害怕從來都不是壞事。但如果光是因為害怕，就不去做我們該做的事，這就不好了。下次我們再談演講比賽的事吧，現在妳的當務之急是適應這裡。我的秘書萊特女士會帶妳去女生宿舍，在那裡妳會見到妳的輔導老師和宿舍管理員阿姨。」

這次，綺拉幾乎全都聽懂了，她感激地點點頭。校長又補充道：「很高興能有外國學生來我們這裡。我想我們有很多地方可以互相學習。」

彼得哼了一聲，很是不以為然。也許他認為，美國人不可能

也沒必要向任何人學習吧。

　　校長似乎敏銳地覺察到了這個學生的心思。他說：「彼得，你要多和綺拉待在一起，你能從她那裡學到很多東西。」

　　雖然彼得挺喜歡綺拉，而且在經歷了機場綁架事件後也很信任她，但他心裡還是不服氣，悶悶不樂地嘟囔了幾句。這也沒逃過校長的眼睛。校長思索了一下子，對綺拉說：「我們為每位學生都配備了一名學生輔導員，就是負責帶妳熟悉校園的高年級同學。妳也一樣。我已經為妳挑選了一位好學姊，她叫珊迪。」

　　接著他又轉向彼得：「我希望你也能幫助綺拉。」

　　「但她年紀比我大多了。」彼得抗議道。這讓綺拉有點尷尬，她可不想有人不情不願地被派來幫助自己。

　　但是校長的安排已定，他說：「今天你可要好好謝謝綺拉。珊迪不太擅長運動，所以在體育運動上你要多幫忙綺拉。這裡的很多東西她都不熟悉。」他停頓了一下，補充道：「反過來，你也可以從綺拉那裡學到很多東西，這一點我非常肯定。綺拉來自一個非常有趣的國家，那裡有非常悠久燦爛的文化。」說完，他開口道別，將他們送出了辦公室。

　　彼得回男生宿舍去了，綺拉則由萊特女士陪同，去了女生宿

舍。珊迪已經在那裡等著了，她熱情地和綺拉打招呼。一切都被安排得這麼井井有條，考慮得也如此周到，綺拉心裡頗為震撼。

珊迪明顯有華裔血統，看上去比綺拉大兩歲左右。綺拉一眼就喜歡上了她，尤其是她那爽朗的笑容。珊迪笑起來的時候，會露出大大的門牙，讓她看起來有些好笑，也有些討喜。「因為我的牙齒，別人都叫我兔子。」珊迪笑著說，似乎注意到了綺拉的目光。看來這口牙並沒有給她帶來什麼困擾。她使勁擁抱了一下綺拉，雖然綺拉還不太習慣，但是感覺還不錯，因為覺得自己確確實實受到了歡迎。珊迪說：「妳能來真是太好了。我們一定會一起玩得很開心，彼此也能學到很多。」

接下來的幾個小時被各種活動排滿。珊迪帶綺拉去了她們同住的房間。綺拉高興極了，因為她可以和自己喜歡的人住在一起。然後，她們一起打開了綺拉的箱子，把行李拿出來。珊迪向綺拉介紹了宿舍管理員阿姨伊果太太，以及她們的輔導老師「好老師」——他其實有別的名字，但大家都叫他「好老師」，因為他的脾氣總是特別好。接著，珊迪帶綺拉參觀了校園。

不管她們走到哪裡，都會有同學主動打招呼，她們也一個個回覆問候。珊迪看起來特別受歡迎，她向每個人介紹了她的新

朋友。但大家都不說「你好」，而是說「很高興認識你，最近好嗎？」然後不等綺拉回答就走開了。這樣幾次後，綺拉有些不解：「為什麼所有人都問我最近過得如何，卻又對我的回答不感興趣？」

珊迪哈哈大笑，露出了她的大門牙：「這只是問候語，不是真的在問問題。」「哦——」綺拉在心裡嘀咕，美國的禮節可真古怪……她們在體育館前遇見了一個高個子的金髮男生。他神情冷漠，全身上下整潔得出奇。頭髮一絲不亂，顯然精心打理過。頭頂正中有一條髮線，分得筆直。綺拉不禁偷笑起來：「髮線分得這麼直，肯定需要用……」她很想把這句話說完，卻想不起直尺的英文單字了。不過珊迪猜到了她的心思，馬上補充說：「直尺。呵呵……對了，他叫休伯特，是全校成績最好的學生。我懷疑他從來不睡覺，整天沒日沒夜地唸書。」

休伯特發覺有兩個女生好像在議論自己，就從頭到腳打量了一遍綺拉，看上去傲慢極了。綺拉盯著他的頭髮分線，一下子又想到直尺，就又忍不住咯咯地笑起來。這下休伯特連最後一絲好感都不剩了。他猛然轉過身去，連聲招呼都不打就走了。「這傢伙！」綺拉感歎道。珊迪笑了，說：「他家很有錢，我猜家裡給

了他很大的壓力。他用功得簡直不可思議，在全校成績最好，應該就是為了獲得家裡的認可。」「那他也用不著這麼不客氣啊。」綺拉說道。「他可能只是沒有安全感而已。」珊迪說出了自己的想法。

綺拉吃了一驚：「你怎麼還幫他說話？他一看就是個討厭鬼。」珊迪嚴肅地說：「對別人評頭論足很容易，但我希望能看到所有人身上美好的那一面。誰知道呢？我們如果生在他的家庭裡，就一定能和他不一樣嗎？」

綺拉很是慚愧。她想起了第三條準則──只說別人的好話，於是對珊迪說：「我認識一位富翁，他教給了我很多東西。不久以前他還和我說，不要取笑別人。這樣的話，你就會把注意力集中在別人的缺點和瑕疵上，而不是好的、耀眼的方面。我想，我剛剛又犯老毛病了。」

「妳真應該和好老師說說這件事，」珊迪笑著說道，「他是妳能想像得到的最善良可愛的人。」

「我對他也有相同的印象。」綺拉強調說，雖然她剛剛認識好老師。珊迪繼續說：「有意思的是，好老師並不是一直都這樣。他小時候應該是個人見人嫌的調皮鬼，後來卻像變了一個

人，他給了我很多很好的建議。」

「看得出來，這些建議妳全都聽進去了。其實妳也很可愛啊。」綺拉說，「也許我們真的能學會如何養成可愛又可貴的品格，就像我們都可以學會理財。」她決心要和好老師聊一聊他「變身」的小秘密。

珊迪羞澀地笑著說：「說到理財，我自己根本不會管錢，一個月的零用錢不到兩個禮拜就花光了。所以這方面我很需要妳的幫助。」

綺拉若有所思地說：「在你們這裡，很多事情都不一樣。不過在最重要的事情上，全世界似乎都是一樣的，甜甜圈理論也許到哪裡都適用。」

「甜甜圈？」珊迪問，「什麼甜甜圈？」於是，綺拉向她解釋了自己從甜甜圈外面的圈和中間的孔裡學到的東西。珊迪覺得這個比喻超級讚，她說：「好棒啊！在那個圈上，妳是我的輔導員；我呢，試著在它中間的孔上幫幫妳。說起甜甜圈，我們現在也該去吃晚餐了。」

當她們走進位於本館內的學生餐廳時，裡面已經坐滿了學生。學生餐廳裡就餐的人很多，聲音非常嘈雜，因為大家似乎都

在聊天。她們往自己的餐桌走去，一路上有許多人向她們親切地打招呼。綺拉心想，不管怎麼說，大部分美國人還是很友善的。

　　令綺拉喜出望外的是，彼得已經等在那裡了。他占了兩個座位。熱情地互相問好後，綺拉在桌邊坐下，很小心地打量了一下周圍：她的不遠處就坐著好老師，別的老師也沒有和學生們分開就餐，而是散坐在學生餐廳裡的各個角落。在綺拉的國家可不是這樣。在那裡，互相保持一定距離是尊重他人的標準；可是在這裡，老師們卻無拘無束地和學生們一起說笑嬉鬧。

　　好老師向她露出了真誠的笑容。雖然珊迪說過，好老師已經有五十多歲，但他實際上看起來要年輕得多。可能因為他總是帶著笑容吧，綺拉心想。

　　好老師熱情地和她搭話：「妳覺得我們學校怎麼樣？」綺拉告訴了他自己看到的一切，還提到了這裡與她的國家的不同之處。好老師聽得特別認真，綺拉一開口就說個沒完，甚至講到了甜甜圈理論，還說她認為這個理論在兩個國家都適用。

　　好老師被她的話深深吸引了。他顯然很喜歡孩子，就像他很熱愛自己的教師工作。他說：「我很喜歡妳剛才說的話。我想，能同時看到不同點與相同點很重要。雖然我們的國籍不同，但我

們都是人。我們每個人都彌足珍貴。」

彼得吃驚地插嘴道：「但我還是為自己是美國人而感到驕傲。我們才是最棒的。」

綺拉注意到，好老師並沒有對彼得的話有任何輕蔑或不滿的神情。他很認真地對待彼得，就像很認真地對待綺拉一樣，這讓她印象深刻。好老師在這一點上與金先生極為相似，儘管他們從事著截然不同的職業，過著截然不同的人生。他們都是那種第一眼就會讓人喜歡的人；他們都擁有好的「甜甜圈圓孔」，培養出了優秀的品格。

好老師回答道：「我們每個人都不是只有一種歸屬，而是至少有兩種或者更多。」

「我不懂，」彼得說，「我就只是美國人啊，我不可能既是俄羅斯人又是中國人啊。」

綺拉也很想知道好老師的答案。只聽他和藹地說：「你是美國人，這沒錯。但這只是一種歸屬感。此外，你還是世界公民，這是你的第二種歸屬。如果我們覺得自己只應該對一個國家承擔責任，那就很容易引發爭鬥甚至是戰爭。而如果我們把自己視為世界公民，那我們就會學著相互理解，相互支持。」

「雙重歸屬，」珊迪喃喃地說，「我很喜歡這個說法。這樣我們就既能融洽地共同生活，又能保有各自的不同之處了。」

綺拉若有所思地點點頭，問好老師：「您剛才說，人類還有其他更多的歸屬，能舉幾個例子嗎？」

好老師回答：「我可以舉很多例子給你們聽。比如宗教信仰，它們的外在形式雖然大相逕庭，但每一種宗教都是在引導人向善。」

「如果說所有宗教都在引導人向善，那麼它們之間為什麼還會爭執不斷呢？」綺拉問。

好老師解釋說：「每種宗教都各不相同，甚至存在著極大的差別，引導人向善是它們少數的共同點。兩個國家之間也是這樣：如果我們過度關注不同之處，就會引發爭鬥；相反，如果我們關注共同之處，那麼就會萌生寬容和團結。」

彼得提出異議：「可是世界上總是有宗教引發的戰爭和襲擊。有些人還會把炸彈綁在肚子上，就是為了和對方同歸於盡。」

好老師嚴肅地說：「我不知道有哪個宗教會鼓勵暴力和戰爭。所有宗教都規勸人們追求和平、富有同情心和助人為樂。但

總是有人扭曲宗教、誤用宗教，以此為暴力和戰爭辯護、正名。有些基督教君主就曾這樣做，那是為了發動十字軍東征，為了對人拷打逼供；有些其他宗教激進分子也曾這樣，那是為了引爆炸彈，為了製造混亂。」

珊迪若有所思地說：「而且，正因為他們以宗教的名義做壞事，才會讓有些人覺得宗教都是壞的。其實只是因為那些人是壞的罷了。」

「可以這麼說，」好老師表示讚許，「無論如何，我認為如果沒有那麼多利己主義者和極端主義分子，這個世界會更美麗。話說回來，我們原本在說多重歸屬，你們還想知道其他的例子嗎？」

「好呀！」學生們異口同聲地喊道。好老師繼續講下去：「在這裡，在加州，我們加州人熱愛我們所在的州，也為此感到驕傲。在這裡，很多事都與眾不同。比方說，我們這裡有演員和健美運動員出身的州長。這樣看來，我們就有了第三種歸屬：美國最瘋狂的州的居民。」

學生們在心裡努力思索著他的話。綺拉早就發現這裡的確有

些特別，她來的第一天就感覺到了。

好老師接著說：「我們還為我們的學校感到驕傲。它是全世界獨一無二的學校。為了培養出優秀的學生，我們會孜孜不倦地去學習，去成長，去全力以赴。所以，我們為每一個學生都配備了輔導老師、學生輔導員，我們還會舉辦各種比賽，以發展學生的特殊天賦。我為里約·雷德伍德學校感到自豪，我深深覺得自己就是這所學校的一分子——這也是一種歸屬。」

同學們都非常贊同，因為這裡的確有許多不同凡響之處。

這時，一位身材嬌小的女士端上來一大碟巧克力布丁，這場嚴肅的談話暫時告一段落。孩子們敞開肚皮吃著，愜意地談天說笑著，綺拉真的感覺好極了。她悄悄對珊迪說：「天哪，這裡真是太棒了。這布丁……噢嗚……我最愛的甜點……噢嗚……」珊迪得意又開心地咧開了嘴，露出了她的大門牙。

綺拉對好老師產生了絕對的信任，所以，當她提出想約他單獨談話時，竟然沒覺得尷尬。好老師馬上答應了她的請求，就好像這再自然不過。他們約定，第二天下午課間休息時見面。

綺拉和珊迪一起回到了宿舍。綺拉心情太激動了，再加上時

差的關係，她久久無法入睡。她連珠炮似的向自己的新朋友拋出問題，足足有幾百個之多，而珊迪都耐心地一一作答。不知不覺中，她們都進入了夢鄉。

Chapter 7

好老師

第二天清晨六點整，綺拉就被宿舍管理員阿姨伊果太太喚醒了。這根本不是綺拉平時起床的時間，況且她的時差還沒有完全調好。朦朦朧朧中，她做了一個美夢，夢見錢錢正親熱地舔著她的臉。「別舔了，不能舔！」綺拉嘟噥著。

「再不起來，就要用冷水澆妳的臉了。」突然，綺拉聽見一個嚴厲的聲音，那肯定不是錢錢在說話。她慢慢清醒過來，睡眼惺忪地眨眨眼睛，只見伊果太太站在她面前，正在拿一塊濕毛巾給她擦臉，好讓她徹底清醒。

綺拉驚得一下子坐直了身子，呆坐了好一下子。她需要一點時間回想自己到底身在何處。當她聽見珊迪的大笑聲，看見她的大板牙時，那瞬間她全都懂了。沒錯，她現在是在加州。天哪，太酷了！綺拉飛速地洗漱完畢，飛快地穿上衣服，因為真的快來不及了。

吃完美味的早餐、禱告完畢後，一天的課程就開始了。暑期課程主要是幫助學生們發展興趣跟專長，綺拉選的課有演講、網球和倫理學。

這些課程都是綺拉國內的學校沒有開設的。而且她發現，學習這些特別有用。綺拉唯獨不太清楚倫理課上會講些什麼。不過，這堂課由好老師授課，僅僅只要這一個原因，就足夠讓她選這堂課了。而且珊迪還和她解釋過，這堂課和甜甜圈圓孔有關。每天的日程表都是一樣的：上午學習固定的科目，下午自由活動。也就是說，下午的時間可以自由分配——除了最後兩節服務課。服務課是所有同學必須參加的，每個人具體的任務則由宿舍管理員決定。綺拉上完網球課，又趕去上演講課。因為一開始沒找到路，她遲到了兩分鐘。

她立刻就感覺到：在里約·雷德伍德學校，遲到是很不受歡迎的。她當場就被菲利普老師警告了一次，並且被記了名。老師告訴她，每位同學都必須準時來上課，也要準時參加禱告。禱告活動在大禮堂早晚各一次。無論是上課還是禱告，遲到的人都要被記名。一旦被記了十次名，就得被罰勞動服務，而且整個週末都要服務。綺拉心想，每天有三次上課和兩次禱告，也就是說每

天就有五次被記名的機會，一不留神，很快十次就記滿了。這也太誇張了！

菲利普老師觀察著綺拉臉上的表情，彷彿猜出了她的心思。他問道：「妳覺得準時不重要嗎？」

綺拉顯得有些難為情：「我還沒仔細想過這個。當然，我大多數時候都想準時到的……」

「開始上課的時間是約定，也是協議。我們把它稱作一種承諾，而妳不應該違反承諾。」菲利普老師的語氣很嚴厲，「我們之所以承諾，是因為妳遲到了就會妨礙其他所有人，也意味著妳並不尊重他們的時間。」

「哦，」綺拉說，「我還從沒這麼想過。」菲利普老師繼續說：「和他人的約定也是一樣，那也是一種協議。約定在某個時間到場，如果妳遲到了，就是言行不一致，這樣別人就會認為妳不可靠，還會覺得妳不尊重他的時間。」

這些話雖然啟發了綺拉，但她還是覺得太不留情面了。也許菲利普老師說得很有道理，可就算這樣，她還是更喜歡好老師講道理的溝通方式。綺拉環顧這間教室，發現裡面幾乎坐滿了——只剩下一個空位，緊挨著休伯特。休伯特就是那個髮線筆直的男

生，很不討喜。今天，他的髮線又分到了頭頂正中，簡直可以精確到毫米。

綺拉站在那裡猶豫不決，而休伯特看上去也很不想和她同桌。教室裡所有的人都望著綺拉，等著她坐好。綺拉沒別的選擇，只好鼓起勇氣笑著走到休伯特身邊。休伯特趕緊往旁邊挪了挪，想要離她遠點，彷彿在向她示威似的。綺拉心想，這可真是個好開場啊……

好在演講課的內容彌補了與休伯特同桌的不悅。關於如何演講，綺拉學到的東西太不可思議了，包括如何選擇題目，如何蒐集素材，如何建立架構，以及各種演講小技巧……實在太有趣啦！

最後，菲利普老師讓綺拉站到教室前面，稍微自我介紹一下她要告訴大家：她是誰，來自哪裡，有什麼興趣，以及她為什麼選這堂課。

一開始，綺拉非常緊張，接連說錯了好幾次。後來，她慢慢找回了自信。她說自己一直夢想著來加州，她想學習如何在人前演講時表現得更好。以前，她還定期為孩子們舉辦以「智慧理財」為主題的講座……

綺拉說完以後，同學們紛紛鼓起掌來，綺拉也感覺好極了。接著，菲利普老師問全班同學：「你們覺得綺拉哪些地方講得好，哪些地方還有待加強？」

　　話音剛落，幾隻手高高舉起。綺拉萬萬沒想到，同學們的點評竟然如此細緻。從大家的發言中，她也學到了很多東西，知道了自己哪裡做得好，哪裡還需要改進。

　　等到沒人再舉手了，菲利普老師問：「綺拉，妳現在感覺如何？」

　　綺拉答道：「很好！我之前還不知道，自己能做得這麼好。而且，現在我還知道了自己在哪些地方還要加強練習。聽到大家鼓掌，讓我非常開心。」

　　菲利普老師和全班同學都露出了善意的笑容。看來大家都是過來人啊，類似的場景肯定在課堂上上演過好多次了。綺拉後來很快發現，這堂演講課通常是這樣進行的：首先，老師會講解一些新的知識；然後，幾位同學會拿到一個題目，到全班同學面前演講。綺拉覺得這是個絕佳的方法。在別人面前即興演講當然很困難，但是這種訓練非常有效。

　　讓綺拉印象深刻的是，同學們總是能準確表達出他們的讚美

和改進建議。那天她自我介紹完，在原地站了好半天，看到菲利普老師示意後才回去坐好。她剛一坐下，休伯特就不懷好意地壓聲說：「別妄想自己能贏。贏家只有一個，那就是我，懂嗎？」

綺拉一頭霧水，問他：「你是什麼意思啊？」

「別裝傻了，」休伯特氣沖沖地小聲說，「妳知道我是什麼意思吧？我已經在演講比賽的公告欄上看見妳的名字了。」綺拉這才想起那個演講比賽，是領事館的史蒂文斯女士替她報名的。她輕聲對休伯特說：「我不想和你爭。我也覺得自己贏不了。」

休伯特邊聽邊打量著她，然後聲音尖厲地說：「妳當然贏不了，因為妳剛剛表現得太差了。只不過大家考慮到妳是新來的，不好意思說出口罷了。妳講得真是糟糕透頂，大家都是出於同情才幫妳鼓掌的。聽到妳的英語口音，我都快窒息了。反正妳知道就好，贏的肯定是我。」

綺拉聽了他這番話，差點沒氣壞，但她決心不與他爭辯。這麼爭下去有什麼意思呢？她心想：好像還有一點在每個國家都一樣，那就是走到哪都有友善的人，也有不那麼友善的人。不可能所有人都是友好的。不要總覺得別人在針對自己。有的人連自己都不喜歡，更談不上去喜歡別人了。

下課時間很快到了，下一節是好老師的倫理課。正如綺拉預想的那樣，這堂課非常有意思，簡直是妙趣橫生。她簡直等不及在午餐過後與這位親切的老師見面了。約定談話的時間終於到了，好老師友好地和綺拉打招呼。綺拉馬上把自己想要瞭解的東西告訴了他：「我已經和您說過甜甜圈圓孔了，它中間的圓孔象徵著我們的品格。金先生說過，要養成優良的品格，就要掌握七條準則，但我現在只知道其中的四條。」

　　好老師問：「是哪四條呢？」

　　綺拉答道：「我把它們都記在我的心得筆記裡了。第一，對待他人要尊重、友善和謙虛。第二，不要陷入『公平陷阱』。第三，只說別人的好話。第四，為他人帶來快樂，為他人付出，並且幫助他人。另外的三條我還不知道。」

　　好老師贊同地點點頭：「我覺得這四條準則都很好。也許妳可以換一種更簡潔的表述方式。」說完，他在黑板上寫下：

1. 友好親和

2. 承擔責任

3. 鼓勵他人

4. 幫助給予

綺拉覺得，這完美地總結了四條準則中的三條。唯獨對於第二條，她還不太確定。於是，綺拉問：「承擔責任和不要陷入『公平陷阱』，說的不是兩碼子事嗎？」

好老師答道：「其實是同一件事，而且它們有著更深的含義。我很樂意向妳解釋一下。妳知道，很多人在沒能完成計劃的時候，會怎麼做嗎？他們會直接把原因歸於外部環境，或者說『都是誰誰誰的錯』。這樣的話，他們雖然有了藉口，卻失掉了自己的權利。」

「這和權利有什麼關係？」綺拉問道。她想到自己也愛找這樣那樣的藉口，比如今天上午遲到的時候，她就辯解過：「因為我還不認識路。」

「有沒有人阻礙過妳實現目標？」好老師問。

綺拉立刻想到了休伯特，他可真是個討厭鬼。

她答道：「有個男生說過，我的英語說得太差了，根本贏不了演講比賽。」

「那妳是怎麼說的？」好老師追問道。

「反正我本來就很害怕參加那個比賽。現在我寧願不去，因為我也覺得他說得對。」

「妳看，我想說的就是這個。」好老師解釋說，「這樣一來，妳就不會去做妳想做的事，而是去做那個男生想讓妳做的事。那麼妳就會失去了妳的權利。」

「都是他的錯！我一看見他就洩氣了。」綺拉抱怨道。

好老師微笑著說：「妳覺得錯在誰，就是把權利給了誰。『責任』這個詞裡，隱藏著『答案』[1]。這一點有助於我們理解這個詞。」

綺拉不解地聳了聳肩。好老師拿起一顆柳丁，問道：「如果我用力地捏這個柳丁，能得到什麼？」

「柳丁汁。」綺拉答道。

「那如果我用腳去踩的話，又會得到什麼？」好老師又問。

「當然也是柳丁汁。」綺拉笑了。

「那如果我開車輾過去呢？」好老師繼續問。

1　譯注：「責任」的德語 verantwortung 當中的 antwort，作為一個單字來看是「答案」的意思。

「當然還是柳丁汁！柳丁裡流出來的肯定是同一種果汁啊。」綺拉說。

好老師點頭表示贊同，然後解釋道：「沒錯。即使妳用錘子錘它，出來的也還是柳丁汁。換句話說，柳丁並不在乎妳怎麼對待它，它流出來的總是柳丁汁。柳丁給出的答案就是柳丁汁。柳丁想給出什麼答案，就給出什麼答案，不管別人對它做什麼都是如此。柳丁不會說：『如果有人打我，那我就只流出清水來。』」

綺拉思索了一陣，然後說：「您的意思是，不管別人怎麼說，就算我英語說得這麼差，我都不應該放棄演講？」

好老師笑了：「妳其實已經有了兩個絕佳的藉口。妳可以嘮叨說：『我不能去參加演講比賽，都是因為那個男生對我太刻薄了。而且我的英語水準又很差。我明顯是處於劣勢嘛，這太不公平了。』這些妳都可以當作藉口，但這樣一來，妳也失去了自己的權利。」

「但我真的是處於劣勢啊，這不公平。」綺拉反駁道。好老師回答：「首先，妳不能陷入『公平陷阱』。人生中很少有公平的時候。美國同學的英語口語當然比妳強，因為這是他們的母

語。妳說妳處於劣勢，這沒錯。但妳和別人比起來也有優勢，那就是妳學得比他們多。從來沒有一模一樣的人，所以在演講比賽中，也從來不可能所有人都站在同一條起跑線上。人生也是如此。」

「人生也是這樣的嗎？」綺拉問。

「是的。」好老師解釋道，「比如說，兩個不同的人申請同一份工作，或者有著同樣的目標，總是會有一個人具有某方面的優勢，而另外一個人沒有。這時，妳就不能陷入『公平陷阱』，整天糾結於是否公平，而是必須擔負起責任，專注於自身的優勢。」

綺拉還從沒有這麼想過。的確，她以前總是喜歡關注自己做不到的事情，比如說不好英語，而沒有去關注自己能做到的事情。她經歷了很多，也學到了很多，因此擁有別人所不具備的優勢。

綺拉又思考了一下子，然後說：「我想我現在已經懂了。我不能放任外部因素阻礙自己達成目標。不公平或其他藉口都妨礙不了我。所謂『公平陷阱』，其實只不過是萬千藉口中的一個而已，要想達成目標，我必須承擔起屬於自己的責任。」

好老師欣慰地點點頭，看得出來這場談話讓他樂在其中。他說：「七條準則，你目前還缺少三條。下面，我想把我覺得尤其重要的三條告訴妳：

5. 常懷感恩
6. 勤學不輟
7. 值得信賴

下次我再向妳解釋它們的具體含義。希望在此之前，妳先好好思考一下，也和珊迪聊一聊。」

綺拉點點頭，最後問道：「您說，有朝一日，我真的能掌握所有這七條準則嗎？」

「我很確定。」好老師解釋說，「妳知道嗎，我小時候非常惹人厭，沒人喜歡我。有一天，我對自己說：『不能再這樣下去了。』然後我就開始改變自己。而現在，我喜歡你們大家，你們大家也都喜歡我。如果我能做到，那麼你們每個人也都能做到。當然，我還有個簡單的小秘訣，能幫妳掌握這七條準則。不過現在已經很晚了，妳得回宿舍了。」

好老師的話給了綺拉莫大的勇氣。她謝過好老師，回到宿舍。珊迪已經在那裡等著她了。

Chapter 8

身處險境

　　綺拉向珊迪複述了自己與好老師的談話。珊迪聽完，十分仰慕地說：「我長大以後，就要和這樣的人結婚。」她高興得大門牙都露出來了。

　　綺拉咯咯地笑著，正想打趣幾句，卻聽見窗戶邊有一聲響動。珊迪也聽見了。兩個小女孩屏住呼吸，仔細聽著。又是一聲，這次她們聽得更清楚了——似乎有人在往玻璃上扔小石子。珊迪跑過去打開窗戶，探出頭去。

　　起初她什麼也沒看見，因為外面黑壓壓一片。等到眼睛慢慢適應了黑暗，珊迪發現灌木叢的陰影下有人。於是，她輕聲問道：「誰在那裡？」

　　「噓——」那個人要她保持安靜。接著，一陣沙沙聲傳來，她們終於認出來，原來是彼得。彼得激動得不停揮手，示意她們下樓找他。

綺拉和珊迪對視了一下，一起偷偷溜出了房間。她們得小心行事，千萬不能讓伊果太太發現。因為到了這個時間點，是禁止住宿生外出的。

　　綺拉她們輕手輕腳地溜到底樓的洗手間，從那裡小心翼翼地翻出窗外。然後，又繞著宿舍樓跑了半圈，跑到自己房間的正下方。可奇怪的是，一個人也沒有。兩個小女孩有點不知所措，互相看了幾眼，開始小聲呼喚起彼得的名字。還是沒有人回應，只有死一般的寂靜。她們開始有些害怕了，周圍太黑了。

　　綺拉突然感到一隻手搭上了自己的肩膀，她嚇得尖叫起來。

　　「噓！我們會被發現的，女生真是麻煩！」有人在她耳邊低聲說。是彼得。他就躲在灌木叢裡，一雙紅眼睛閃閃發光，看起來頗為詭異。「天哪，你瘋了！這樣嚇我！」綺拉火冒三丈，氣得忘記了恐懼。

　　「現在不是和妳們女生吵架的時候，」彼得壓低了聲音說，「快鑽到灌木叢裡！」綺拉兩人跟了過去。她們行動得非常及時，因為附近露臺上的燈馬上亮了。隨後門嘎吱一聲響，有人走了出來。他們三個清清楚楚地看見，那是伊果太太，她正緊張地向夜色中張望。

彼得偷笑道：「她一打開燈，我們就能看見她，她卻看不見我們。這個蠢女人！」珊迪很生氣：「你敢再說一遍『蠢女人』，我就掐你了。」

「只要不咬我就行！」彼得故意氣她，還指了指她的大門牙。

「真不知道我們為什麼要跑出來找你，」珊迪憤怒了，「綺拉，走！我們回去。」

「那樣伊果太太就會發現你們的。」彼得威脅道。他說得對，伊果太太還站在露臺上呢。「你到底為什麼叫我們出來？」綺拉小聲地問。

「因為我和一隻兔子成了好朋友，」彼得解釋道，「每天晚上我都會帶幾根小紅蘿蔔給牠。牠的門牙就和珊迪的一樣大……」

「嗷——」彼得忽然叫出了聲。原來珊迪說到做到，狠狠地掐了他一把。「下次我就用嘴咬了！」珊迪威脅道，邊說邊磨動自己的牙齒，模仿兔子啃紅蘿蔔的樣子。綺拉拽了拽他倆的手臂。幸好他們立刻停止了爭吵，因為現在情況不太妙：伊果太太正探頭朝他們的方向張望，然後一步步地走近他們藏身的灌木

叢。

「蠢女人……」彼得嘟噥著，不過他很快就釐清狀況。「快離開這裡，」他尖聲說，「快跟我走！」

彼得向灌木叢外爬去。綺拉和珊迪努力跟上他，也顧不上灌木枝葉刮擦她們的皮膚。他們終於爬了出來，來到空曠的草地上。伊果太太雖然看不見他們，但能聽見他們的腳步聲。她用尖厲的嗓音喊道：「站住！不管是誰，快給我站住！」

三個人拼命地跑，一直跑到體育館附近的那片樹林裡。彼得跑在前面，兩個小女孩吃力地跟在後面。最後，彼得終於站住了，說：「這下她肯定找不到我們了。」

珊迪很害怕，說：「萬一她真的找到了呢？」彼得笑了：「那我們就躲在妳身後，伊果太太一眼看過來會以為是隻兔子。」

「你真是欠揍！」珊迪威脅道。

綺拉趕緊叫他們別吵了。她悄聲說：「你們有完沒完？彼得，快告訴我們是怎麼回事。」

彼得思索了一下子，解釋道：「那個……我餵兔子的時候，透過鐵柵欄往外面看。就在這時，我聽見牆外有動靜。我雖然眼睛不太好，耳朵卻很靈。我發現一個男人正在牆外躡手躡腳地走。我認出了他。我敢肯定，就是他！」

　　「他？」珊迪問道。綺拉臉色頓時刷白。那次飛機上的危險經歷，她快忘得一乾二淨了。而現在，她的心裡猛地升起強烈的恐懼。綺拉告訴了珊迪之前發生的事情，然後問彼得：「你確定是他嗎？」

　　「我清清楚楚地看到了他的黑鬍子。我絕對確定。」彼得回答，「他會想辦法進學校的。」三個人召開了緊急會議。到底該怎麼辦呢？他們很快在一個問題上達成了一致：黑鬍男什麼都幹得出來。不過，也有可能是彼得弄錯了，畢竟他視力不好，當時外面又非常黑。

　　「不信我帶妳們去看看。」彼得提議道。看到兩個小女孩都不相信他，他感到很氣惱。儘管綺拉兩人很害怕，但還是答應了。她們跟著彼得，輕手輕腳地朝裝有柵欄的圍牆走去。

幾分鐘以後，他們就來到了彼得說的地方。他的兔子還蹲在那裡，等著吃小紅蘿蔔呢。彼得抱歉地對牠說：「不好意思，今天沒幫你帶吃的。」兔子好像聽懂了他的話，蹦蹦跳跳地走開了。

　　三個人豎起背溜到牆邊，緊張地向外張望。他們等了好半天，卻什麼都沒聽見，什麼也沒看見。也許彼得就是弄錯了。

　　突然，他們聽見了一些動靜。外面有人在沿著牆根走！千真萬確！綺拉腦海裡猛地閃過一個念頭：那不是正常的腳步聲，是有人在拖著腿走路。而那次在飛機上，黑鬍男放下毒可樂走開時，綺拉也聽到了一模一樣的聲音。那聲音她一輩子都忘不了。肯定是那個黑鬍男！綺拉示意大家趕快離開。他們跑回樹林，盡可能不弄出一丁點聲響。到了樹林裡，綺拉氣喘吁吁地說出了她的判斷。

　　「我就說嘛……」彼得哀叫著，「他還是來了！」大家一時嚇得大眼瞪小眼，都說不出話來。珊迪說：「我們必須行動起來，不能等著他翻過圍牆來抓彼得。黑鬍男肯定又想綁架彼得。」

「他不只是想綁架彼得呢。」綺拉滿心恐懼地想。不過綺拉打定主意，不把她從照片裡獲得的資訊告訴任何人，畢竟她自己都怕得要命。三個人湊在一起嘀嘀咕咕，思考著對策。

綺拉突然想到一個主意。她說：「我可以打個電話給金先生，他一定知道該怎麼辦。」她向兩人解釋了金先生是誰。

「但金先生現在不在這裡，不在加州，在幾千公里以外的地方。他怎麼能幫到我們呢？」珊迪質疑道，「我們最好去找校長斯諾頓先生，還得報警。」

「我們當然可以這麼做，」綺拉說，「但我不確定他們是不是真能幫上忙。可是我百分之百相信金先生。金先生永遠有辦法。要是他在這裡就好了。」

大家陷入了沉默，幾分鐘過去了，綺拉又想出了個點子：她要用放大鏡看看那張照片，說不定就能知曉黑鬍男的計劃。可是現在該怎麼辦呢？她又不能讓彼得落單。到底該先去哪裡呢？最後三個人一致商定，先回到女生宿舍，把這些情況向伊果太太全盤托出。

他們小心翼翼地走出樹林。剛一踏上草地，一道亮光突然打到他們臉上。三個人驚恐地抱成一團。

亮光晃得他們什麼都看不見，心臟都快蹦出喉嚨了。綺拉豁出去了，喊道：「滾開，王八蛋！你是抓不到彼得的！」

「你在說什麼？」他們聽見一個低沉的聲音，好像就來自那片亮光裡。「瞧瞧，瞧瞧，是誰在這裡啊。」那個聲音繼續說道。珊迪和彼得如釋重負，因為他們聽出來了，是校長斯諾頓先生的聲音。

珊迪長呼了一口氣：「太好了，是校長先生啊。」

「我認為你們得好好解釋一下。」伊果太太用她那尖厲的嗓音說道。她一直跟著孩子們，最後還叫來了校長。手電筒的強光晃得他們睜不開眼，他們只能用手擋著臉，還好後來光束終於移開了。

「我們會解釋的。」珊迪結結巴巴地說。

校長嚴厲地說：「你們也必須解釋清楚。我希望，你們能對自己的行為做出一個合理的解釋。」

孩子們開始講述剛才發生的事情。講著講著，他們就開始七嘴八舌地亂嚷嚷，伊果太太只好不停地提醒他們，讓他們別同時開口。

最後，校長和宿舍管理員阿姨終於搞清楚，原來彼得現在的處境如此危險。校長非常有決斷力，他思索片刻便說道：「彼得今晚去好老師屋裡過夜，那裡是安全的。我來報警，讓警方派遣保安人員過來。妳們兩個小女孩和伊果太太一起回女生宿舍。」他停頓了一下，又說：「你們應該立即向學校報告的，擅自行動反而會讓自己陷入巨大的危險，所以這次你們應該受罰。其他的我們明天早上再說。」

　　儘管綺拉很難為情，但她還是鼓起勇氣，問校長可不可以給金先生打個電話。當然，她先解釋了金先生是誰。校長考慮了幾秒，然後說：「好，到我辦公室來吧。」

　　綺拉如釋重負，和得到保護以後的輕鬆心情相比，對處罰的恐懼簡直不值一提。而且，綺拉是真的盼著和金先生通話。

　　綺拉一走進校長辦公室，就立刻撥打了金先生的秘密電話。電話通了，一個睡得迷迷糊糊的聲音傳過來。糟糕，綺拉忘記了：在她自己的國家，現在正是深夜！不過，金先生好像絲毫沒有氣惱，反倒非常擔心。綺拉三言兩語向他講述了剛才發生的事情。

金先生請綺拉把電話交給校長。過了一下子，校長把聽筒還給了綺拉。只聽金先生說：「斯諾頓先生真是又能幹又善良。他的應對策略相當正確。你們目前是安全的。我明天晚上就到加州。在這期間，你們千萬不要擅自行動，尤其是彼得。答應我，你們要一直和其他人待在一起。晚上千萬不要到外面閒逛！」

　　綺拉高興地一口答應，心裡歡呼個不停：明天金先生就要來這裡了。這真讓她喜出望外啊。校長把綺拉送回女生宿舍，伊果太太和珊迪已經在那裡等著她了。兩個小女孩很快就上了床。一陣強烈的倦意襲來，她們不一下子就閉上眼睛，沉沉地睡去了。

　　第二天簡直是度日如年啊。綺拉上課時很難集中注意力。晚上什麼時候才到啊？她還一直害怕地往窗外看。也許那個黑鬍男已經進入學校裡了……

　　晚餐時，學生餐廳裡突然一陣騷動，孩子們一下子大喊大叫起來。綺拉還沒弄明白狀況，就感覺有東西撲到了她的背上，嚇了她一大跳。緊接著，她耳邊響起了汪汪聲。綺拉瞬間聽出來了：是錢錢！

綺拉欣喜若狂地撫摸著錢錢，緊緊擁抱著錢錢。然後她才注意到金先生。金先生正哈哈笑著，站在錢錢的身後。他說：「我想，妳這裡可能需要一隻聰明的護衛犬。」

綺拉被突如其來的驚喜沖昏了頭腦，竟然都忘記了和金先生打招呼。她愣愣地說：「我以為小狗必須要隔離很久，才能入境美國呢。」

「原則上是這樣，」金先生露出狡黠的微笑，「但我在這裡有幾位頗有影響力的客戶，是他們幫忙處理了這件事。」

綺拉開心地摟住金先生的脖子。金先生繼續說：「妳還應該和這幾位打個招呼。」綺拉好奇地望過去，看見了她的堂哥馬塞爾和好朋友莫妮卡。馬塞爾說：「我們覺得妳可能需要幫助，而且我也一直想來加州看看。說不定我能在這裡開家分店。」

「你老是想著你的生意。」綺拉笑了，熱情地和他們倆打招呼。

莫妮卡笑著說：「馬塞爾還想向飛行員推銷他的麵包派送服務呢。」

「可惜他住得太遠了。」馬塞爾嘆口氣說，「我得快點擴大市場規模。」

這時，綺拉想起了她在這裡的新朋友，於是向他們介紹了珊迪、彼得和校長斯諾頓先生。如她所料，金先生和校長一見如故。綺拉靠在椅背上坐了一下子，臨時起意，決定一定要在成功日記裡寫上：「我有很多好朋友，他們真心喜歡我，隨時願意幫助我。」

經過昨晚的驚心動魄，這是綺拉第一次感到了真正的安全和快樂。金先生彷彿看穿了她的心思，說：「我還帶來了一些保安人員。沒人能從他們身邊溜過去。」

綺拉他們伸著脖子四處張望，發現幾個穿深色西裝的男人就站在門邊，並不顯眼。他們看上去十分嚴肅。

「哇，保鏢！」彼得顯得很懂。

「他們會兩人一組，全天保護你們兩個。另外，從昨天夜裡開始，聯邦員警已經對整個學校採取了安全措施。這都是校長的功勞。你們現在真的不必擔心了。」

「天哪，我回家的時候有多少故事可講呀。」莫妮卡暢想著未來，高興得臉都紅了。她最喜歡到處講她自己的故事了……

大家都沉浸在欣喜當中，綺拉、珊迪和彼得都有好多話要說。時間飛一般地過去，必須得上床睡覺了。馬塞爾和彼得一起

住。校方在珊迪和綺拉的房間裡為莫妮卡架了一張客人用的小床。最後，大家互相道了晚安。

　　這時，綺拉忽然注意到了一件奇怪的事：彼得和馬塞爾長得特別相像，只不過彼得全身雪白……

Chapter 9

好老師的秘訣

日子飛也似地過去了，他們再也沒見過黑鬍男，也再沒聽見他的動靜。這也許是警方和保鏢的功勞。現在孩子們不再害怕了，都很享受校園裡的時光。

斯諾頓先生允許錢錢一直陪著綺拉。學校通常是不允許動物入內的，不過校長擠了擠眼睛，說這個時機護衛犬大有用處。

馬塞爾和莫妮卡獲准與綺拉一起上課。他們在一起過得快樂極了，也學到了很多很多。綺拉的網球水準提升很多，公開演講能力也愈來愈好。但她最享受的還是好老師的倫理課。

課餘時間裡，綺拉一直在學習那七條準則。令她意想不到的是，莫妮卡和馬塞爾對此也很感興趣。他們兩個對好老師和珊迪印象深刻；金先生更不必說，他們在飛機上就已經熟悉了。耳濡目染中，大家都找到了自己的榜樣。

珊迪想成為好老師那樣的人，莫妮卡想像珊迪一樣，馬塞爾

的榜樣自然是金先生。綺拉則在每個人身上都發現了自己喜愛和欣賞的地方。不過，綺拉覺得自己與那位神秘的老奶奶最為親近。但關於老奶奶，關於她送來的放大鏡，綺拉沒有跟任何人提起，連她自己也不知道為什麼。

這天，綺拉、珊迪和彼得被叫到校長辦公室談話。大家都很害怕，擔心即將到來的處罰。不過意外的是，談話的結果令人愉快：校長聽說了那七條準則的事情，決定讓他們三個用一周的時間，每天都與好老師討論其中一條準則。為此，他們每天下午三點都要去找好老師。等他們離開校長辦公室，綺拉說：「這裡的處罰真是太酷了。我好期待和好老師的談話啊。」

珊迪和彼得也有同感。馬塞爾和莫妮卡也獲准加入了這個「學習小組」。

到了下午三點，好老師已經在等著孩子們了，還事先為每個人都準備好了七張卡片。綺拉他們好奇地翻看這些卡片，發現卡片上一片空白，都困惑地看向好老師。好老師解釋道：「我已經和你們講過，我小時候是個討厭鬼。那時候我成天滿肚子抱怨，身邊的人都受不了我。多虧了這七張卡片，我才改變了自己。它們是培養好品格的秘訣。」

孩子們沒完全聽懂。好老師微笑著繼續說：「有一次，綺拉問我學習這七條準則的最佳方法。在我看來，使用這七張卡片再好不過了。請你們在每張卡片上寫下一條準則，然後在這條準則下方寫下對它的理解。接下來，你們就一整天都把注意力集中在這張卡片上。第二天再這樣去研究另一張卡片，以此類推。」

馬塞爾大聲說出了自己的想法：「這樣一來，一周以後，我們就能把所有的卡片都過一遍。那麼然後呢？」

「然後再從第一張卡片開始。」好老師解釋。

「我們需要這樣學習多久呢？」莫妮卡問。

「直到這些準則百分之百地融入到你們的生活當中。」好老師建議道。

「那這到底需要多久呢？」莫妮卡追根究柢。

「你們要花多長時間，這我說不準，不過，我自己還需要五十年。」好老師笑瞇瞇地回答。

馬塞爾在頭腦裡飛快地算了一下。好老師現在肯定年過五十了。再來個五十年，那時候他就……

「您的意思是，您一輩子都要學習這些卡片？」馬塞爾漸漸明白意思。

「是的。」好老師答道，「這七條準則是我想要盡可能接近的理想。為了不斷提醒自己，我每天都會看看這些卡片中的一張。」

珊迪問道：「那您為什麼不每天都把這七張卡片看一遍呢？」

珊迪的學習熱情讓好老師很是滿意，他笑了笑說：「我當然也可以這麼做。但遺憾的是，大腦在思考時總是走單行道，只能把注意力集中在一件事上。因此我決定每天只研究一張卡片。比如說，我今天只專注於第四張卡片，那麼我一整天都在想，今天能為誰帶來快樂，可以幫助到誰。」綺拉翻開自己的心得筆記，把這七條準則記了下來。她說：「那麼明天您就會想，您有什麼值得感恩的人和事。但還有一點我不太懂，您為什麼用這種方法來學習呢？」

好老師微微一笑，好像早就料到會有人這樣問了。他解釋道：「比方說，如果我們一整天都想著幫助別人，就會把『幫助』這個念頭儲存進潛意識裡，讓『助人為樂』變成自然而然的行為，慢慢融入我們的天性。最好的學習方法就是身體力行，從具體的小事做起。即使我第二天會有意識地關注下一張卡片，但

是昨天的那條準則已經不知不覺間得到了強化。如此日積月累下去，這些準則就成了我的一部分。」

這番話深深地觸動了孩子們，大家都決心採用這套方法學習。好老師對此深感欣慰。他讓大家給每張卡片都寫上標題，還發給他們七種不同顏色的彩筆。

大家用不同顏色的筆寫下：

星期一：友好親和

星期二：承擔責任

星期三：鼓勵他人

星期四：幫助給予

星期五：常懷感恩

星期六：勤學不輟

星期天：值得信賴

寫完之後，每個人都感覺很好，彷彿剛剛開啟了一項偉大而重要的事業。

這時，好老師也鄭重地拿出了自己的卡片。孩子們注意到，

那些卡片的背面也有字。莫妮卡問他上面都寫了什麼。他解釋說：「我在卡片正面下方寫下對這條準則的理解。請你們五位也選定一條準則，展開思考，然後寫下由此聯想到的東西。明天我們開始討論。」

「那背面呢？」莫妮卡繼續追問道。

好老師說：「我在背面記下了自己的特殊經歷，與卡片正面的準則相對應。這樣一來，我就能在腦子裡把親身經歷和準則更深刻地聯繫起來。」

「那麼關於感恩，您都寫了什麼？」彼得問。其他人都眼光銳利地看向彼得，因為他的問題太私密了。

好老師卻毫不掩飾地說：「我很樂意和你們分享這個。上一周，綺拉剛到的那天晚上，我們進行了一次很棒的談話。這次談話讓我意識到，我該無比感恩自己能在這裡教書；另外，我還應感恩的是，我能把自己的想法告訴你們，而你們也有興趣聽。」

「但這都是些稀鬆平常的小事啊。」馬塞爾並不滿意。

好老師問：「那麼你有什麼根本不想做的事嗎？」

「當然有啊，除草！」馬塞爾說。一想到這個，他就渾身一哆嗦。

好老師解釋道：「想像一下，如果你一整天都得除草，天天如此，年年如此……你覺得怎麼樣？」

「那簡直太恐怖了！」馬塞爾毫不猶豫地回答道。

好老師說：「有太多太多的事，我們都應該心懷感恩，但我們平時往往意識不到，直到失去才後悔莫及。比如說，視力、聽力和行走能力，我們往往對此習以為常。但當我們不再具備這些能力時，才會猛然發覺它們竟如此珍貴。」

「是啊。」彼得若有所思地說，「我視力不好，經常為這個發脾氣，因為我老得戴著一副討厭的眼鏡，離了眼鏡我幾乎什麼都看不見。可是，我很少為自己聽力好感到高興。」

珊迪接話說：「很長一段時間裡，我都很為我的大板牙而羞恥。但後來，我的朋友安妮得了嚴重的肌肉疾病，連咀嚼東西都很困難。我每次去探望她的時候，都感恩自己有這樣的牙齒。」

好老師滿意地點點頭。他鼓勵孩子們各自選擇一條準則，用一整天的時間去思考它，明天來談談自己的理解。剩下的兩條準則則由他親自講解。

馬塞爾選擇了「承擔責任」；莫妮卡決定講講「值得信賴」，因為這對她來說尤其困難；綺拉選了「鼓勵他人」；彼得

選了「常懷感恩」；珊迪選的則是「幫助給予」。雖然珊迪一直在堅持幫助別人，但她總覺得，自己還可以做得更多更好。任務就這樣分配下去，孩子們與好老師道了別。第二天早上，馬塞爾和彼得激動地衝進學生餐廳，急急忙忙要宣布一則新聞——兩個好友興奮得簡直要炸開了。原來，他們昨晚聊天聊到深夜，最後說起了各自的家庭。這是彼得的傷心事，因為他的爸爸媽媽已經不在人世了。

馬塞爾問彼得還有沒有他父母的照片。彼得說有的，然後拿出了照片。馬塞爾才看了一張就驚訝得大叫：照片上的男人看上去像極了他的爸爸。說不定他們倆還是親戚呢！

他們把這個發現告訴了金先生，金先生馬上著手調查，結果得到了一個令人震驚的結論：彼得和馬塞爾是堂兄弟！

但綺拉對此有點懷疑，她說：「但彼得是美國人啊，這怎麼可能呢？」馬塞爾太激動了，聲音都變得又高又尖：「我爺爺有三個孩子——你的爸爸、我的爸爸和埃爾娜姑姑……」

「快別提她！」綺拉連連叫苦。馬塞爾不為所動，繼續說：「三個孩子長大以後，爺爺的第一任妻子，也就是我們的奶奶，過世了。後來爺爺移民美國，又結了婚。他和第二任妻子又生了

一個兒子，也就是彼得的爸爸。這樣算來，彼得和我算是半個堂兄弟啊。」

馬塞爾摟著彼得的肩膀，好像要保護他一樣。馬塞爾雖說一門心思撲在生意上，但也很看重家庭。兩個男孩看著綺拉，靜待著她的回覆。而綺拉呢，不停地來回打量著彼得和馬塞爾。沒錯，綺拉早就發現了，他們倆真的長得特別像。馬塞爾簡直等不及了：「這樣妳懂了嗎？」

「聽懂了，你們是親戚。」綺拉怔怔地說。「不，不只是我們。」彼得說。

綺拉迷惑不解地看著他：「那還有誰？」

「天哪，」馬塞爾提醒她，「你是我堂妹，而彼得又是我的半個堂弟，那麼……」

綺拉猛地回過神來，大叫道：「對啊！那彼得也是我的堂弟了！」

「妳頭腦轉得還真快！」馬塞爾挖苦她說。

彼得的紅眼睛一直滿懷期待地看著她。但綺拉顯然還沒有從震驚中緩過來。過了好半天，她才對彼得說：「堂弟，你好。」

這下彼得心滿意足了，尖叫著回答：「堂姐好！」然後，他

又鄭重其事加了一句：「現在我又有家人了。真是太好了！」

金先生在一旁默默地聽著，看起來容光煥發。顯而易見，當別人快樂時，金先生也感到非常快樂。這個飯桌上的新聞飛快地傳了開去，其他孩子也都知道了，大家都變得異常興奮。但就在這時，鈴聲響了起來，催促著孩子們去上第一節課。大家不情不願地離開了學生餐廳。還有好多話沒說呢……

網球課上，綺拉難以集中精神，她的好朋友們也是如此，老師不得不數度出言提醒。但即使這樣，他們還是常常接不住球。接下來是演講課。今天輪到休伯特了。他走上講臺，開始演講。他從綺拉身邊經過時，臉上掛著一抹不可一世的微笑。綺拉收起了忌妒心，心甘情願地承認他確實講得挺好。「不對，」綺拉糾正自己，「不是挺好，是很優秀。」

綺拉垂頭喪氣地坐著，覺得休伯特比自己講得好太多了。「跟他比起來，我一點勝算也沒有。」她懊惱地想。

下課後，菲利普老師找綺拉談話，問道：「妳看起來悶悶不樂的，怎麼了？」綺拉回答：「我太沮喪了，休伯特真的好厲害，我根本不可能在演講比賽上贏過他。」

菲利普老師很嚴肅地看著她，說：「即使這樣，妳還是可

以為他鼓掌啊！」綺拉十分羞愧，結結巴巴地說：「是……是的……我本來應該這……這麼做……做的。但是我太沮喪了，畢竟休伯特對我太刻薄了。」

菲利普老師並沒有理會她的辯解，他說：「妳得學著去承擔責任，也就是說，妳要專注於自己能做到的事情。與其沮喪地關注別人的成績，還不如想辦法提升自己。」

綺拉想了想，然後說：「我一直嘗試著不關注自己做不到的、不知道的和沒有的事情，而是更多地關注自己能做到的事情。但這樣做真的很困難。我想，您剛剛說的也是這個意思吧？」

菲利普老師點點頭，補充說：「如果妳想提升自己的成績，就得把注意力放到自己能做到的事情上，努力去尋找能自我提升的方法。」

「但我能做些什麼呢？」綺拉問。

菲利普老師答道：「妳現在其實已經有了一個好的開始。妳並沒有直接放棄，而是選擇向我求助，這就對了。」他稍作停頓，又繼續說：「我不能再多幫妳了，那樣對其他同學來說，比賽就不公平了。但妳可以向一位真正的高手求助。她叫安妮。安

妮去年的演講特別精彩，最終贏得了比賽。」

「我能去哪裡找她呢？」綺拉趕緊追問。「可惜她已經不住在學校裡了。」菲利普老師回答，「她病得太重了。不過，也許校長會允許妳前去探望。我也是這麼建議休伯特的，但他覺得自己沒必要找她取經……」

綺拉衷心謝過了菲利普老師，飛快地跑去校長辦公室，請求他允許自己探望安妮。校長十分痛快地批准了這個請求。校長說，他很喜歡安妮，為她的不幸遭遇感到難過。他還答應幫綺拉約好一個時間，去拜訪那位生病的女孩。

下午，綺拉他們聚在一起，你一言我一語地討論著那七條準則。珊迪冒出了個絕妙的主意：她提議大家互相幫助，一起交流對每條準則的看法，然後完成卡片。彼得第一個提出異議：「可是好老師說了，每人都應該自己寫一張卡片。」「但我們為什麼不能互相幫助呢？每個人仍然負責自己的那張卡片啊。」珊迪很堅持。其他人也表示贊同。三個小時後，五張卡片上的文字都擬好了。大家一致認為，光靠自己沒辦法做得那麼好。互助合作讓他們收穫了更多的經驗與知識，每條準則的下方都搜集了好多資訊。他們帶著成果去見好老師，而好老師已經煮好了熱巧克力，

準備好了甜甜圈。

「因為甜甜圈有象徵意義嘛，」好老師很是得意，笑著說，「畢竟甜甜圈的圓孔巧妙地象徵著我們的內在，也就是品格。」

綺拉覺得，這些甜甜圈真美味，都快趕上哈倫坎普太太做的了。這些「象徵」很快被吃得一乾二淨。好老師首先朗讀了他的卡片，因為星期一是一周的開始。

友好親和
- 我衷心希望，別人和我過得一樣好。
- 我不願傷害任何人。我會克制自己，不介入任何爭端。
- 我謙虛有禮，尊重他人。我不必永遠得理不饒人。

五位學生大受啟發，他們覺得老師寫得很全面。

好老師謙遜地說：「我求教過很多人，也思考了很多年。」

綺拉有個問題：「但如果別人一心要和我吵架呢？那我就無法繼續保持友善了，不是嗎？」

好老師說：「我想講個故事給你們聽。曾經有一位年邁的大

師，被一位年輕的武士挑釁和冒犯。這位大師耐心地忍受著武士所有刺耳的辱罵，最後武士自覺沒趣，就離開了。大師的徒弟們對此很不理解，想知道大師為什麼不反擊。大師問：『如果別人想送你們一件東西，你們卻不收的話，那麼這件東西會歸誰呢？』

「徒弟們回答：『當然還是歸那個送東西的人。』」

「大師說：『憤怒與仇恨也是如此。如果我們不去領受，它們就還在別人那裡。』」

綺拉他們聽得專心致志，珊迪說：「這就是指『不介入任何爭端』吧？如果我們不去領受惡意，那麼它就還是留在別人那裡。」

好老師點頭同意。馬塞爾感歎道：「唉，這可難囉。」綺拉說：「只要還有休伯特這樣的人，這一點就很難做到。」她說起了這個髮線筆直的高個子男孩，以及他傲慢又傷人的舉動。

馬塞爾說：「要不是正好星期一，主題剛好是『友好親和』，就可以揍他一拳了。」

好老師正色道：「友好的力量比暴力更強大。只要一直友好親和地對待別人，這樣別人就會覺得為難你們並沒有意思。如果

他還想繼續找碴，離他遠點就是了。」

綺拉想起了史蒂文斯女士，美國領事館裡的胖女士。她們曾經惡言相向，起了爭執，但後來綺拉道歉了，這位女士因此大受感動，從那以後就真心誠意地幫助綺拉。「也許友善真的比爭吵更強大。」綺拉想。

他們各自在卡片正面做好記錄，並在下方寫下了這個不願「介入爭端」的大師的故事。在卡片背面，綺拉還記下了她與史蒂文斯女士的事。

現在，他們欣喜地感受到卡片確實發揮了作用。好老師問大家，今天是否就到此為止了。大家卻一致決定，還要再討論一條準則。

星期二的主題是「承擔責任」。馬塞爾讀道：

承擔責任
- 遇事我能自己做出決定，能自己判斷在什麼情況下該做出何種反應。我不會陷入「公平陷阱」，而是專注於我能做到什麼、知道什麼和擁有什麼。
- 當我把責任推卸給別人時，也把權利交給了對方。

好老師鼓掌表示贊同。他對馬塞爾大加讚美，這讓馬塞爾都有些不好意思了，他說：「這是我們大家一起努力的成果。綺拉把和您的談話講給我聽了。光憑我一個人是絕對寫不出來的。」他補充道：「我提議，把柳丁的例子也寫在卡片上。」

好老師一頭霧水：「什麼柳丁？」

綺拉接過話頭說：「嗯，就是您和我講過的，『柳丁想給出什麼答案，就給出什麼答案，不管別人對它做什麼都是如此』。」

好老師哈哈大笑，說：「你們真有心，我真為你們驕傲。」其他人也記下了馬塞爾剛才的解釋。好老師說：「今天我們邁出了關鍵的第一步。我提議，我們明天再繼續討論。」孩子們起身告辭。綺拉急著要走，因為她今天約好了去安妮那裡。生病的安妮正是去年演講比賽的獲勝者。

Chapter 10

七條準則

　　金先生要去參加一個商業會談,會途經安妮的住處,就順道把綺拉送了過去,等晚些時候再來接她。為了安全起見,綺拉由兩名保鏢全程陪同。

　　綺拉按響門鈴,然後被領進了客廳。見到安妮的一瞬間,綺拉心中升起一陣強烈的恐懼。綺拉雖然早就知道安妮生病了,但並不知道她到底病得有多麼嚴重。

　　安妮坐在輪椅上,雙手被綁在扶手上,頭部也被固定在支架上。綺拉害怕地看著她。安妮當然察覺到了綺拉的目光,她聲音微弱地說:「我是安妮,妳就是綺拉吧。校長斯諾頓先生和我說起過妳。是不是覺得我這副樣子看起來有點誇張?別擔心,我感覺還好。」

　　綺拉根本就不相信安妮的話,但還是勇敢地擠出一個微笑,問道:「妳得了什麼病?我可以問一下嗎?」「當然可以。」

安妮表示理解，「我得了非常罕見的肌肉疾病，無法活動，話也說不太清楚，但我一點都不痛。」綺拉同情地看著她，心想：天哪，身體健康就是福分啊。我以前可很少意識到這一點。

安妮催促綺拉道：「我沒什麼力氣了，不能聊太長時間，我們快進入正題吧。我聽說，妳想知道怎樣才能贏得演講比賽。」

「對，沒錯。」綺拉回答，又立刻補充說，「如果妳感覺不太舒服，我們可以下次再聊。」

「不，不用，現在就可以。但我不知道自己能不能幫得上忙，妳已經在菲利普老師的演講課上學到很多了。」她考慮了一下，向綺拉建議道：「或許妳可以對著我做個簡短的演講，這樣我就能清楚妳的優勢和劣勢了。」

這個建議完全出乎綺拉的意料。但她能感覺到，安妮是真心誠意想要幫自己，所以她克服了靦腆，做了一段幾分鐘的演講。演講圍繞著錢錢和綺拉的工作展開，她講到自己如何透過遛狗來賺錢，如何合理分配收入，如何進行投資。演講結束，綺拉充滿期待地看著安妮。

安妮說：「妳講得真的很好。聽眾能感覺出來妳講的就是自己的親身經歷。

「我覺得這才是最重要的。演講就不該說些言不由衷的話。演講時能把個人的經歷加進去，這一點非常關鍵，會立刻拉近演講者和聽眾的距離。」

綺拉很感謝安妮的誇獎，她思考了一下子，然後說：「可是我們在演講課上學的技巧呢？一上臺演講，我就把大部分技巧丟在腦後了。等演講完了又開始生自己的氣──我用到的技巧太少了。」

安妮輕輕地笑了起來：「把那些技巧全忘了吧，至少在演講比賽的時候。」然後她認真地補充說：「千萬別總想著妳要贏，也別去想要時刻保持形象。妳只需要專注於和聽眾分享，分享那些對自己來說真正重要的事情。」

綺拉有些不解：「我還以為，要盡可能地讓演講完美無缺呢。」安妮回答道：「剛好相反！完美的演講往往聽起來不真實、不真誠，還不如就和聽眾聊聊妳自己，聊一些能讓他們過耳不忘的事。」

「妳能舉個例子嗎？」綺拉問。

「我可以跟妳說說我的情況。」安妮說，「就在演講比賽前幾周，我得知自己生病了。每個人都很可憐我，大家幾乎都不敢

和我說話，因為不知道該怎麼對待我。」

綺拉同情地看著她。她回想起第一眼看見安妮的情景，當時自己是多麼手足無措啊。

「我本來打算講講環保問題。這肯定是個好話題。但現在我有更重要的事情要講：我不想讓大家因為我而悲傷。於是，我說出了內心的想法，希望大家對我有一個美好的回憶。我知道自己不久就會死去。一開始，我覺得這很不公平。我很想恢復健康，再活上許多年，但現實就是現實。」

綺拉吃驚地看著病中的安妮。她居然談起了自己的死亡，而且還如此淡定。真是太不可思議了。

安妮繼續說：「我告訴大家，我很感恩自己感覺不到疼痛，也很感恩自己能擁有這麼多美好的回憶。然後，我也請大家想一想，他們會因為什麼事情而心懷感恩……」安妮顯得精疲力盡，只得停下來休息了一下。

綺拉一直在思索著安妮的話。安妮恢復了一點力氣，又接著說：「說到底妳得注意三件重要的事情。第一，講妳真心想說的話。第二，呼籲妳的聽眾做些具體的事情。如果一場演講不能讓人立刻付諸行動，那它就是在浪費時間。」

「那我該怎麼克服緊張情緒呢？」綺拉問道。

安妮答道：「對，這就是我要說的第三點：忘記妳的面前有很多人，只把注意力放在妳熟悉或喜歡的兩三個人身上。妳可以輪流看著他們，就像是只和他們聊天一樣。這樣妳很快就不緊張了。」

安妮開始咳了起來。一口氣講了這麼多話，她體力有點跟不上了。綺拉擔心地看著她。安妮說：「現在我得躺一下，那樣會感覺好一點。別擔心。我很高興能和妳聊聊。好好想想我們剛才說的話。妳願意的話，我們還可以在比賽之前練習幾次。」

綺拉很感激安妮的提議，不由自主地擁抱了她。綺拉打從心底裡喜歡安妮，而且著實欽佩她。然後她們就匆匆道別了。接下來的幾周過得飛快。有那麼多的事情要做：他們五個要上課，還要定期約見好老師。閒暇時間，他們就湊在一起玩耍，討論討論那七條準則。

每隔三四天，綺拉都會去探望安妮。兩個小女孩很快結下了深厚的友誼。綺拉寫出了一篇演講稿。演講稿裡都是綺拉的肺腑之言，對她來說意義非凡。她也學到了，無論演講稿多麼嚴肅真誠，也得多加練習。沒有比安妮更好的教練了。

在這期間，他們繼續和好老師討論準則，並在卡片上做好記錄。等到第二次去見好老師時，大家一起討論了第三條和第四條準則。

鼓勵他人
- 我只說別人的好話。如果沒有好話可說，就什麼都不說。
- 我儘量不批評別人。如果非批評不可，也要禮貌而友善。
- 總是關注別人的優點和好的一面。

他們還在最後寫下：

若看見光，你便是光；若看見塵，你便為塵。

綺拉發現，關於如何遵循這條準則，她身邊就有許多優秀的榜樣——珊迪、好老師和金先生。每次和他們聊完天，綺拉都會覺得心情舒暢許多。她把這種感受說了出來，好老師肯定了她的

觀察，並且提議道：「當妳不確定該如何遵循這條準則的時候，就想一想那些榜樣，然後問問自己：『如果是這個人的話，他會怎麼做？』這樣妳就能立刻做出正確的選擇。」

五個人在卡片背面寫下了各自的榜樣。莫妮卡暗暗鬆了口氣，因為這下馬塞爾和綺拉不會再取笑她了，這讓她覺得第三條準則特別有意義。接著，大家又討論了第四條準則：

幫助給予
- 我希望遇到的每個人都能一切順利。
- 我送給別人禮物，只是為了表達我對他的喜愛。
- 最美好的事情莫過於幫助他人。我總是在想能夠幫助誰，沒有比這更讓我感到幸福的了。

他們又接著記下：

我難過的時候，就會想自己可以幫助誰，

我可以給誰帶來快樂。

這樣我自己也就馬上變得快樂許多。

五個人學完這條準則後，整整花了一下午思考他們可以為誰帶來快樂。最後，終於想出了兩個點子。

　　他們先是為好老師製作了一張大幅海報，海報上寫了碩大的一行字：

給全世界最好的老師

　　在那行字的下面，他們還貼上了各自的相片。這時，珊迪又有了個想法，她說：「好老師住的地方看起來很需要打掃。整理一下房間有益無害。就下個星期天吧，我們去幫他收拾得乾乾淨淨，你們覺得怎麼樣？」

　　這個建議得到了大家的熱烈回應，就連馬塞爾和彼得也舉手贊成，儘管這兩個人根本不愛整潔。

　　他們把海報送給好老師。他非常高興，當即把海報掛在寫字臺的上方。「這樣就能一直看見它了。」他說。然後大家交給好老師一個信封，信封裡是一張「大掃除券」。過了好一陣子，好老師才弄懂了這件禮物的用意。他有些尷尬地打量著客廳，嘟噥道：「哦，哦，是啊！這裡的確不是什麼整潔有序的典範。以前

還有人幫我打掃，不過她已經搬走了……」然後他臉上煥發出光彩：「哎，那可真是太好了！又可以有個乾乾淨淨的家了。」

下個星期天到了，儘管大家忙得四腳朝天，但都樂在其中。特別是好老師家裡有一套高級的音響設備，能播放很棒的音樂。最後，當他們五個拖著疲憊的身子去吃晚餐時，心裡又自豪又快樂。大家一致贊同：予人玫瑰，手有餘香啊。

第二個點子實現起來稍微有點難度。綺拉有次探望安妮的時候，得知她很想去一次迪士尼樂園。但路程太遙遠了，而且坐汽車會讓她過於疲勞。

他們五個絞盡腦汁，想著如何為安妮妥善安排，但總有一些困難難以解決。最後，他們決定求助金先生。

金先生不愧是位「寶藏」先生。他馬上想到了一個計劃，並立即投入行動：錢錢、他們五個和安妮可以一起搭乘他的私人飛機前往洛杉磯。另外，他還雇了一名醫生和一名護理師來照護安妮。但這其實沒什麼必要，安妮快樂極了，精神狀態一直都非常好。

安妮除了在途中不得不小憩了兩次，其他時候都是由朋友們推著，逛遍了所有她想去的景點。旁人都幾乎認不出安妮了，她

滿臉都熠熠生輝。

這次旅行的高潮終於來了，那就是海豚和鯨魚表演。安妮最喜歡看了。遺憾的是，偏偏這時發生了一個不愉快的小插曲。幾個粗魯的男孩譏笑起安妮來，安妮察覺到了。錢錢朝著那群男孩怒吼，他們就去了水池的另一邊。

安妮看起來很難過。好在這時候表演開始了，大家也就暫時把這一幕拋在腦後。但錢錢一直記著呢。當一頭虎鯨把頭靠在水池邊上時，這隻拉布拉多跑了過去，朝牠輕輕吠叫了幾聲，鯨魚發出了幾聲尖叫，錢錢接著回叫了幾聲，就這樣一來一往，好像這兩隻不同的動物在聊天似的。

然後，神奇的事情發生了：鯨魚滑回水池，不停地繞著圈游，遊得愈來愈快。緊接著猛地躍出水面，又撲通一聲落了下去。巨大的水花噴濺開來，打在了剛才嘲笑安妮的那幾個男孩身上。

他們坐在座位上，全都被淋成了落湯雞。好像這還不夠似的，虎鯨又用尾鰭掃起了一大波水花，徑直澆向了他們。觀眾們都被逗得捧腹大笑，除了這幾個男孩。這下子他們興致全無，悻悻然地溜走了。綺拉和朋友們當然特別開心。他們興高采烈地為

鯨魚鼓掌，錢錢也興奮地叫個不停，而鯨魚再次發出尖銳的叫聲回應牠。孩子們簡直想向上帝發誓：這兩隻動物是真的在笑……

　　這真是一段難忘的經歷啊！回去的路上，安妮說：「這是我人生中最美好的一天。我要感謝你們所有人！」然後她就幸福地沉入了夢鄉。安妮的快樂也感染到了他們，讓他們覺得這次旅行更加美好了。第二天，大家繼續討論第五條準則：

> 常懷感恩
> - 常懷感恩之心，哪怕是對那些尋常小事。
> - 遇到困難時，想一想值得感恩的事。
> - 對身邊的人懷有感恩之心，有意識地享受和他們在一起的時光。

　　他們又記下來一點：

　　幸福之人的秘訣在於認識到：

　　剎那皆奇蹟，心中常感激。

彼得說：「我很感恩，我沒有像安妮那樣生病。」其他人瞪了彼得一眼，都覺得他這麼說不妥。

可是好老師馬上說：「我覺得，我們所有人都能從安妮身上學到很多很多。和你們待在一起，對安妮也很有好處。每次見到安妮，你們都會受益匪淺：你們會意識到，自己現在過得其實已經很好了。」

「是的。」馬塞爾說，「我好多時候根本想不到這一點。但見到安妮以後，我每向前邁出一步，都覺得非常開心。」

莫妮卡也說出了自己的心聲：「雖然這麼說有點難為情，但每次見到安妮，我心裡都很不好受。她真是太可惜了。她的人生原本該有多美好啊。真是不公平。」

「是的，我也是這麼想的。」好老師附和道，「我想，沒有人會對她的不幸遭遇無動於衷。每次見到安妮，我也有很多問題自己無法解答……」

好老師接著補充說：「人生中有很多事是我們無法解答的。有時候絞盡腦汁也無濟於事。所以，我們必須振作起來，面對命運的安排，做最好的自己。安妮現在就做得很棒了，我們能從她身上學到很多東西。有了我們的陪伴，也會對她有所幫助。」

大家都若有所思，頗為安靜地坐了一下子。他們都覺得這條準則十分「深奧」。好老師建議，過幾天再來學習下一條準則。吃晚餐的時候，金先生帶來了一個消息。他十分牽掛安妮的病情，問遍了朋友和熟人這種罕見病是否真的無藥可救。一圈尋訪下來，結果令人氣餒。他總結道：「其實，很有可能有位俄國醫生已經發明出了治療這種可怕疾病的藥物。」他的神情黯淡下來，繼續說道：「但他還沒來得及把研究結果發表出來，就突然離世了。真是太令人絕望了。」

　　綺拉還沒見過金先生情緒如此低落。他在自己的包裡摸索著，說道：「我甚至還找到了這位醫生的一張照片，但這似乎也無濟於事。」

　　綺拉驀地請求道：「我可以看一眼這張照片嗎？」金先生把照片給了綺拉，是他從雜誌上剪下來的。這時候鐘聲響起，他們幾個必須去做晚間禱告了。匆忙中，綺拉忘記把照片還給金先生。

　　回到房間以後，綺拉想起了那張照片，她從口袋裡把它掏了出來，好奇地細細端詳。照片裡的人活像愛因斯坦，一副心不在焉的樣子。照片下方有幾行字，綺拉卻看不太懂。這時，她想起

了那個放大鏡。

綺拉立即取出放大鏡，想把它舉到那幾行字的上方。她剛要舉上去，手肘不小心撞到了椅子扶手，嚇了她一跳，疼得她鬆開了手。放大鏡掉落下來，正好落到照片上。綺拉揉著被撞疼的手臂肘，忽然聽見腦海裡響起說話聲。

綺拉驚恐地看向那張照片，照片上的人臉動了起來。這時，綺拉才猛然想起：「我完全忘了，這個放大鏡可以讓我聽見照片上的人說話……」她好奇地傾聽著腦海裡的聲音。

只聽到那位醫生說：「哎喲，哎喲喲，我的心臟……我來不及寫了……功夫全都白費了。其實很簡單……只要給病人……」

接下來是一串綺拉聽不懂的話。幸運的是，這位醫生吐字緩慢而清晰，而且重複了好幾遍。綺拉把聽到的話全都記錄下來。當然，她完全不明白這些話的意思，不過也許有人能從中理出頭緒來。這一晚，綺拉興奮得久久無法入睡。

第二天一大早，鬧鐘還沒響，綺拉就醒了。她已經很久沒有這樣過了。綺拉迫不及待地去見了金先生，把那張記有陌生詞彙的紙交到他手上。

金先生滿臉疑問地看著綺拉。綺拉一下子漲紅了臉。她完全

是一時衝動，根本就沒去想該怎麼說明情況。綺拉不想說謊，也不想胡編亂造。終於，她定了定神，開口說：「我現在不能告訴您我是在哪裡找到了這些古怪的文字的。但它們可能和治好安妮的藥物有關係。」

金先生詫異地接過那張紙，說道：「嗯，有些事妳不能告訴我，我很尊重這一點，因為我自己有時也有秘密。」

綺拉立刻感覺好多了。很顯然，金先生在跟自己的好奇心對抗。她沒有料到的是，金先生竟然對她這麼認真又尊重。

綺拉長吁了一口氣，不禁想到，要是所有大人都這樣就好了。隨後，綺拉該去上第一節課了。演講課正上著，金先生突然闖進了教室。一定是出大事了。孩子們看到他臉上燦爛的笑容，就知道肯定有好消息。金先生揚起手中的紙條，高聲說：「這上面是一個拉丁文公式，我把它給梅奧醫院的院長看了。那裡正好在舉行會議，肌肉疾病領域的頂尖專家們都在場。雖然還有待進一步研究，不過他們的初步意見是：這很可能是一種藥，它能治療……」

綺拉欣喜地大叫起來，聲音大得蓋過了金先生的話。菲利普老師向她看去，一臉疑問的神情。

金先生趕忙說：「能治癒安妮的藥，有位俄國醫生很可能已經發明出來了，馬上就可以進行第一輪測試了。」

這樣一來，大家是不可能繼續規規矩矩地上課了。班裡所有人都認識安妮，都衷心希望她可以早日康復。綺拉恨不得馬上能飛到安妮身邊，告訴她這個好消息。然而，金先生和菲利普老師讓綺拉再等等，等藥物測試的結果出來後再說。安妮不應該過早地抱有希望，那樣失望會更大。

全班同學都必須保證，要對藥物的事情守口如瓶。對每個人來說，保守秘密並非易事，不過大家還是守住了諾言。梅奧醫院的科學家們開始了藥物試驗。一天，兩天……綺拉和朋友們每天都在焦急中等待著。終於，臨床前試驗結果出爐：一系列動物試驗表明，患病動物的病情的確有所好轉。目前，第一階段臨床試驗正在謹慎推進當中。

在這期間，他們五個還是定期與好老師見面，一起學習了最後兩條準則。第六條準則是：

勤學不輟

- 驕傲自滿會讓我們停止學習，因此要時時保持謙虛。
- 我要讀好書，堅持寫成功日記和心得筆記，還要盡可能多地向他人學習。
- 不與他人比較，盡自己所能做到最好。

接著，他們繼續記下了一點：

我將永遠學習，成為我能夠成為之人。

好老師對他們解釋說：「現在你們每個人都遵循了這條準則。這一點我最為欣賞。你們總是想著要學習新東西。但你們可別忘了，學無止境。一輩子都是如此。」

「您現在還需要學習嗎？您真的還有進步的空間嗎？」珊迪驚訝地問。從珊迪的表情就看得出，在她心目中，好老師已堪稱十全十美了。

好老師立刻讓她打住，別去這麼想：「一天不學習，這一天對我來說就不是完整的一天。有位音樂家曾說：『一旦自以為盡善盡美，就會開始老調常彈。』也就是說，人生應當永遠保持活力。而只有堅持不懈地學習，我們才能始終保持活力。」

綺拉也由此想到，自從學會了賺錢和理財，她的生活變得多麼富有活力。她的朋友們也有相似的經歷，而現在他們又一起經歷著新的冒險：這一次，是結伴探索了一個陌生的國度，學習了有關甜甜圈圓孔的七條準則。他們一致同意，學習是一件很酷的事。

而第七條準則也不簡單：

值得信賴
- 習慣決定成敗。
- 當我自律時，相較於那些更有天賦卻懶惰的人，我能獲得更多的成功。
- 守時，信守自己對他人的承諾。

等莫妮卡讀完卡片上的字，綺拉還想補充一點。她提議：「我們還可以寫，我們每個人頭腦裡都有兩個人：有一個矮人，他總是想引誘我們打破原先的計劃；還有一個巨人，他總是要求我們要信守自己做出的承諾。」

「我的腦袋裡住著一個矮人和一個巨人？」莫妮卡不解地問。其他人都大笑起來。

綺拉解釋說：「這是個幫助我們思考的比喻，是金先生想出來的。他總是說：『不管發生什麼，我們身體裡總是有兩個聲音，就好比在你肩膀兩頭各坐著一個人，一個是矮人，一個是巨人，不停地在對你耳語。』」

彼得問：「是像這個樣子嗎？」他飛快地在紙上畫著，一個人出現了，他的肩膀兩頭各坐著一個巨人和一個矮人……畫得可真好啊！大家都讚歎不已。

莫妮卡盯著彼得的畫，漸漸明白了這個比方的含義，她說：「每當我寫作業的時候，內心確實有兩個聲音，一個說：『嘿，妳今天晚上再寫就好。』另一個則輕聲說：『等到晚上妳可能就累到不行了，還是現在就寫吧，寫完就不用再想了。』我想，第二個聲音就是巨人的聲音。」

「完全正確！」馬塞爾兩眼放光，「反正巨人最終一定要贏，要不然我們就一事無成了。」

　　好老師補充說：「不然的話，你們就無法成為你們有能力成為的人。」「那我到底能成為什麼樣的人呢？」莫妮卡問。好老師答道：「這可不是三言兩語就能說得清楚。每個人必須自己找到答案。」

　　綺拉想起了白色石頭，特倫夫太太和神秘老奶奶都提過它。但她決定先暫時不說出來。綺拉預感到，大家終會開始尋找屬於自己的白色石頭，也會為此經歷新的冒險。到那個時候，她再把這一切告訴朋友們。

　　梅奧醫院的藥物試驗結果終於出來了。午餐的時候，金先生帶來了這個消息。結果真是再好不過了！所有臨床試驗患者的病情都得到了控制，大多數人已經明顯好轉。

　　孩子們禁不住歡呼雀躍。安妮的病真的有希望了！金先生告知了安妮的父母，他們同意使用這個方案治療，因為似乎也沒別的辦法了。現在，終於能把這個好消息告訴安妮了。他們可得小心行事。

　　下午，他們一起去探望安妮。在金先生的安排下，梅奧醫院

派了一名醫生隨同前往。儘管安妮對這一切還毫不知情，但她很高興能見到朋友們。

金先生先是介紹了那位醫生，由他盡可能清楚地講解新藥的療效。安妮在一旁聽著，看上去有點迷糊。

綺拉等不及了，她說：「醫生想說的就是，有一種新藥很可能會控制妳的病情，甚至讓妳好起來！」

安妮費了好大的勁，才搞清楚這番話究竟代表什麼。接著，她無聲地哭了起來。孩子們此刻才發現，在過去的幾個月裡，安妮是多麼期盼著能得救啊。然而希望一直都很渺茫，而這一次真的會有所不同嗎？

綺拉小心地為她擦去淚水。安妮感激地看著綺拉，然後勇敢地說：「就算沒有效果，我也要感謝你們的努力和幫助。」「會有效果的！」醫生急忙說，「到目前為止，我們在每一個病例上都看到了積極的結果。」

安妮看著醫生，眼睛睜得大大的。她太想相信他的話了。金先生提議道：「不管怎麼說，我們都應該試一試。現在，我還為大家準備了一個驚喜：去迪士尼遊玩的照片已經洗好了，要不要一起看一看？」

接下來的整個下午，他們一直都在欣賞在迪士尼拍的照片。每當看到那條鯨魚，看到牠把那群粗魯的男孩潑成了落湯雞，大家就都笑得人仰馬翻。

然後，安妮第一次服用了新藥……

Chapter 11

演講比賽

　　像往常一樣，綺拉每隔兩天探望一次安妮，和她一起練習演講。她感到安妮愈來愈有活力了。

　　演講比賽前兩周，綺拉走進安妮家的客廳，發現安妮正神采奕奕地看著自己，她說：「妳看看，我有什麼地方不一樣了？」綺拉打量著安妮。沒什麼特別的呀，安妮和往常一樣坐在輪椅上，頭靠在支架上……

　　這時，綺拉猛然意識到：對啊！安妮的頭部沒有被固定住。她的目光又落到安妮的手臂上。果然！她的手臂也沒有被繃帶綁在扶手上。

　　安妮察覺到了綺拉的目光。彷彿為了證實綺拉的發現，她輕輕抬起了左臂。綺拉禁不住歡呼起來，輪椅上的安妮也臉色紅潤，她說：「我一天比一天好。一開始我簡直不敢相信。現在我的手臂又可以動彈了，腿也有知覺了。太不可思議了！」

綺拉上前擁抱了她。一件美妙的事情發生了：安妮第一次回應了綺拉的擁抱。雖然動作幅度很小，但安妮的手臂還是碰到了綺拉的腰部。兩個小女孩激動得哭了。

過了好長時間，她們才開始準備演講比賽。綺拉根本沒有心思練習，但安妮督促她要自律。

「我知道，」綺拉自我批評道，「我應該多聽聽那個巨人的話！」

「什麼巨人？」安妮有點愣住。

「嗯，就是我腦海裡的那個聲音，它總是督促我去執行原先的計劃。」綺拉把那七條準則講給安妮聽。安妮很喜歡這個巨人和矮人的故事。

於是，她們又開始討論演講的事情。和往年一樣，參賽者可以自己選擇演講題目。綺拉想要談談一個人真正的價值，畢竟她幾周以來一直在學習這些東西。一個人的價值不僅取決於外在的表像，還取決於他的內在，也就是品格，即使我們難以清楚地看見它們。綺拉對著安妮又練習了一遍演講。

安妮稱讚道：「妳的導言部分已經很精彩了。但我們還有時間繼續琢磨，讓它更精彩。我有個主意：我們還需要一個東西，

來讓演講更形象直觀，讓聽眾過耳不忘。」

「是什麼東西？」綺拉問。她想到了甜甜圈。安妮卻有個新主意，她建議道：「妳當然可以說說甜甜圈，不過我要找的是一個恰當的引子，一個能立即抓住聽眾的東西。有了！妳可以用一張支票。」

「支票？」綺拉不解地問，「我拿支票做什麼？而且我手邊也沒有啊。」安妮跟她解釋了自己的想法。綺拉總算懂了，她激動地說：「就算我不太清楚去年演講的情況，但單憑妳這個點子，我就知道為什麼是妳贏了。妳真是個天才！」

安妮露出得意的微笑，因為她明白自己這個主意確實絕妙，能讓演講足足提升一個層次。眼下，綺拉只需要戰勝自己的緊張，但願她不會因為壓力過大而忘詞。綺拉問金先生，能否給她一張支票。他連問也沒問就立刻照辦了。金先生對綺拉的信任程度簡直不可思議，而綺拉也絕對不會令他失望。

隨著日子一天天過去，安妮的身體變得愈來愈靈活。演講比賽前夜，綺拉做了一個奇怪的夢，夢見自己與索妮婭‧懷斯女士交談。懷斯女士就是那位神秘的老奶奶，住在森林邊上原本空無一人的老房子裡。

老奶奶說：「去看看那張黑鬍男的照片。一定要拿放大鏡看。妳會聽見重要的資訊！」綺拉答應照做。第二天起床，她依然記得這個夢，不過此刻她腦子裡想的全是演講比賽，馬上又緊張兮兮地跑去忙了。早餐過後，比賽就要開始了。綺拉、朋友們和金先生一起走進了大禮堂。她環顧四周，只見觀眾席上坐得滿滿當當。來了好多人啊，看起來至少有一千五百位觀眾。綺拉腿都有點軟了。莫妮卡也大為震撼，小聲對綺拉說：「現在不管妳拿什麼求我，我都不會代替妳上臺演講的。」

綺拉嘆了口氣說：「謝謝妳啊！妳還真會幫忙！」

馬塞爾也聽見了莫妮卡的話，他氣憤地呵斥她：「妳這個洋娃娃腦袋，怎麼不會幫綺拉打打氣。她今天一定贏！」

綺拉才不信呢，但她也沒有時間多想了。

因為就在這時，校長宣布比賽開始了：「親愛的家長們、同學們、朋友們，我衷心歡迎你們參加里約‧雷德伍德學院本年度的演講比賽。我們非常自豪的是，今天的活動將由電視臺全程轉播。」

綺拉驚恐地望向四周，真的發現了幾臺電視臺的攝影機。她原本就夠緊張的了，這麼一來簡直緊張到要吐了。金先生趕緊提

醒綺拉深呼吸。他自己先是深吸了口氣鼓起肚子，然後慢慢地呼出去。綺拉不由自主地跟著模仿起來。好神奇！噁心的感覺立即沒那麼強烈了。

綺拉由衷地慶幸這時能有朋友們陪在身邊。但她還是不確定自己能否挺過去。隨著大家陸續上臺演講，綺拉對自己更加沒有信心了。有幾位參賽者講得相當出色。綺拉一想到自己那彆腳的英語，就恨不得立刻逃離這個大禮堂。

輪到休伯特上臺了。他演講的題目是馬。顯然，馬是他最喜愛的動物。在他講到自己的小馬如何誕生，又如何學著邁出第一步時，所有觀眾都被他深深打動了。接著，他還展示了一段那匹小馬的錄影。

這段影像給全場觀眾留下了深刻的印象。他們紛紛感歎道「哦，好療癒啊！」「哇，牠太可愛了吧！」休伯特顯然贏得了大家的好感。當他走回座位、路過綺拉身邊時，向她投去傲慢的一瞥。這種眼神綺拉並不陌生。

彼得氣憤地尖聲說：「根本不能放影片好嗎！渾蛋！」

綺拉看了看菲利普老師，他也證實了彼得的話，說：「這確實違反了規則，按道理他應該被取消參賽成績，不過沒人敢這麼

做。他的家人和校長是朋友。」

「這不公平！」綺拉小聲抱怨著。

綺拉的抱怨傳到了金先生的耳朵裡，他語重心長地說：「想一想妳這幾週學到的東西吧，現在妳可不能掉進『公平陷阱』裡。人生不可能永遠公平。與其抱怨，還不如把注意力放在妳自己的演講上。」

金先生的建議來得太及時了，因為此時該綺拉上場了。她鼓足了勇氣，站起身來，向臺前走去。聚光燈照得綺拉幾乎睜不開眼，她緊張得快要受不了了。絕望包圍了她，她努力地深呼吸。就在這時，綺拉看到朋友們在揮手鼓勵自己，覺得稍微安心了一點。

忽然，禮堂裡響起了一陣竊竊私語，觀眾們紛紛扭頭望向門口，綺拉也跟著看過去。只見從外面走進來一個拄著拐杖的身影，走得很是小心翼翼，一步一步，愈來愈近。偌大的禮堂變得鴉雀無聲。綺拉認出了那個人：是安妮！

安妮開口打破了沉寂，彷彿這再自然不過：「嗨，綺拉！我無論如何也不想錯過妳的演講！」

同學們不禁歡呼起來。很快，其他觀眾也加入了歡呼的隊

伍。有好一下子，大家好像都忘記了還有演講這回事。再次安靜下來以後，綺拉的演講開始了。安妮的出現改變了她，她的緊張不翼而飛。

綺拉這樣開頭：「妳好，安妮，看見妳能走路，這就是最好的禮物。我本來非常緊張，要不是妳來了，我很有可能一句話也說不出來。謝謝妳。」

接著，綺拉進入了演講的正題。她舉起一張支票，問道：「我這裡有一張 100 美元的支票。誰想要？」

幾乎所有人都舉起了手。綺拉繼續講道：「我會把它送給你們中的一位。不過，它得首先配合我一下。」只見她把支票揉成一團，然後問：「現在你們還想要它嗎？」大家又高高舉起了手。這一回，綺拉把揉成團的支票扔到地上，一邊踩著它反覆碾壓，一邊問道：「現在你們還想要它嗎？」當然了，大家又一次舉起了手。最後，綺拉撿起了這張皺巴巴、髒兮兮的支票，把它舉得高高的。現在，大家幾乎辨認不出這東西到底是什麼了。

綺拉停頓了一下，說道：「這幾周裡，我學到了一個重要的道理。我可以借助這張支票，把這個道理講給大家聽。」她又停頓了一下，所有人都屏息聆聽。

「無論我把這張支票怎麼樣，你們都想得到它。為什麼？因為它從來沒有失去自身的價值。它自始至終都是價值 100 美元。

「我們在一生當中，也常常會被揉成一團，會被扔到地上，甚至被踩進塵土。

「每逢這樣的時刻，我們往往會覺得人生何其不公。或者更糟糕的是，我們會覺得自己一文不值。然而，一個人無論際遇如何，永遠都不會失去自身的價值。對那些愛我們的人來說，我們是無價的。我們的成就，或者我們的財產，並不能決定我們的價值。關鍵在於，我們是誰……」

接著，綺拉講到了甜甜圈理論，講到了幫助他人的快樂。她的演講略微超出了規定時間，然而鈴聲並沒有響起。她後來得知，是菲利普老師故意「忘記」給出提示。正如他所說：「公平起見，予以補償。」

綺拉的演講進入了尾聲。不過，她突然不滿足於自己準備好的結束語，而是即興說道：「我在人生裡已經遇到了很多幸福與美好，但我還從來沒有像剛才那麼幸福過，那就是當我看到安妮走進禮堂的時候。」

大家紛紛起立鼓掌，這在今天可是頭一回。錢錢也大聲叫了起來，叫聲淹沒在了雷鳴般的掌聲裡。然後，錢錢跑上舞臺，跑向綺拉。綺拉欣喜地摟住她的愛犬，這樣她就能更從容地面對喝彩了。她終於能走下演講臺了。

綺拉是當天最後一位演講者，之後評委們退回幕後，進行評議。換作往常，綺拉可能會緊張得近乎爆炸，但現在她只感到了滿滿的幸福，因為安妮又能走路了。綺拉激動地向安妮跑過去。這一切終於結束了。評委們回到現場，評委會主席鄭重地將一個信封遞給校長。校長小心地打開信封，看到了比賽結果。他微微一笑，停頓了好一陣。

彷彿過了幾個小時那麼久，校長終於說：「本年度演講比賽的獲勝者是——」他又停了一下，然後繼續說：「是——我非常高興——她就是——綺拉‧克勞斯米勒！」

禮堂裡響起了震耳欲聾的掌聲。綺拉的朋友們開始有節奏地喊著：「綺——拉，綺——拉，綺——拉……」然後全場觀眾都跟著喊了起來，喊得綺拉起了一身雞皮疙瘩。安妮激動地抱住了綺拉。這時，金先生和其他人都跑過來向綺拉道喜。

菲利普老師笑著說：「現在還不是慶祝的時候，趕快上臺領

獎吧。」綺拉這才意識到，校長正在臺上等著她。她趕忙跑上臺，校長鄭重地為她頒發獲獎證書和一張價值 1,000 美元的支票。「哇，」綺拉心想，「1,000 美元！真是筆鉅款。」

綺拉馬上心算起來，應該如何分配這筆獎金：其中的 50%，也就是 500 美元，存入養「鵝」帳戶，這筆錢她絕對不會動用，要存起來讓錢滾錢，直到靠利息就能生活；40%，也就是 400 美元，要放進她的夢想存款筒，實現中短期目標；剩下的 10%，也就是 100 美元，當作平時零用金。想到這裡，她禁不住笑了。

綺拉正琢磨著怎麼分配這筆錢，卻一下子想到自己還沒有新的中短期目標呢。之前的三個願望都已經達成了，她現在得列個新的願望清單，再為它們準備個夢想儲蓄罐……冷不防地，不知道是誰拽了一下綺拉，打斷了她的暢想。原來是錢錢！

＼ Chapter 12 ／

陷入圈套

綺拉想要掙脫錢錢，但這隻白色的拉布拉多就是不肯鬆口。它咬住綺拉的衣服，慢慢把她往舞臺幕布後面拽。綺拉高聲喊道：「放開，錢錢！鬆口！快放開！」但錢錢不為所動，繼續把她往後拽。綺拉不想衣服被扯破，只好由著它去了。再說了，錢錢的力氣真的很大。

禮堂裡的觀眾們看到這一幕，都哈哈大笑起來。綺拉一時間覺得尷尬極了。錢錢向來最聽她的話了，不知道這一次是怎麼了。錢錢就這樣一路拽著綺拉，穿過幕布間的縫隙，來到了舞臺後面。

舞臺後面一片昏暗。綺拉剛才一直站在聚光燈下，過了好一陣才適應了眼前的昏暗。這時錢錢已經放開了綺拉，坐到了地上。綺拉正想好好教訓一下牠，再跑回前臺去，卻聽見耳邊傳來一個女人的聲音：「妳為什麼沒有按照我說的去做？為什麼沒有

拿放大鏡看看那張照片？」

綺拉緊張地環顧四周。就在一個尤為昏暗的角落裡，顯出了一個人的輪廓。綺拉馬上就認出了她——索尼婭．懷斯女士，那位神秘的老奶奶，她住在森林邊上原本空無一人的老房子裡。綺拉看到她那碧藍眼眸和滿頭銀髮在黑暗中閃閃發亮。

綺拉驚訝地問道：「您是怎麼來到這裡的？」老奶奶回答道：「現在沒有時間解釋了。我來是為了提醒妳，彼得即將面臨巨大的危險。」「您怎麼認識彼得？」綺拉再次驚訝地問。老奶奶並沒有理會她的問題，說道：「我說過了，現在我們快沒時間了。快，快去幫彼得。馬上就快沒時間了！」綺拉答道：「可是彼得已經沒有危險了呀。金先生帶來幾個保鏢，聯邦員警也在守護著學校，而且彼得一直都和其他人待在一起。」

「妳就這麼肯定嗎？」老奶奶問。

「我當然知道啦。我剛剛還在禮堂裡看到彼得了。」綺拉飛快地回答。

老奶奶一言不發地盯著綺拉。綺拉心中一動，立刻跑到幕布那裡，順著縫隙小心向外窺探，一下子就看到了朋友們和金先生，他們正跟安妮聊得起勁。但綺拉確實沒找到彼得，他真的不

見了⋯⋯

綺拉困惑不解地轉過身來，對老奶奶說：「我真的沒看見彼得。他到底去哪裡了？」

老奶奶有點不耐煩，她說：「這個我不能告訴妳。我也有必須遵守的規矩。也許妳現在還來得及幫他，但妳得趕快行動。趕快回妳的房間，仔細看看那個黑鬍男的照片，到時候妳就能知道他的計劃了。」

此時此刻，綺拉根本用不著別人催促。她匆忙向老奶奶道別，從後門跑了出去，能跑多快就跑多快。她一路快跑著穿過草坪，跑向了女生宿舍。錢錢一步不落地跟著她，綺拉真巴不得自己也能像它那樣飛奔。終於，綺拉氣喘籲籲地回到房間，開始瘋狂翻找那張照片和放大鏡。

綺拉終於找到了這兩樣東西，趕忙把放大鏡舉到照片上。照片上的人臉動了起來，就像以前一樣。不，還是有點不同。照片上的人臉不僅在動，居然還在變化。綺拉嚇得手一鬆，照片掉到了床上。但她想到彼得現在很可能正身處險境，就重新鼓起勇氣，拿放大鏡仔細觀察起照片來。

的的確確，那個男人正在變化。他的黑鬍子魔法般地憑空消失了，緊接著深色的頭髮也越變越淺，直到變成金黃色。而且，他還戴上了一副眼鏡，幾乎和以前判若兩人。簡直令人難以置信！

　　這下子綺拉糊塗了：他這是想幹什麼？她馬上就得到了答案，因為照片中的人開口說話了：「這樣那個該死的粉筆頭就認不出我了。他還以為我是新來的宿舍管理員呢。哈哈哈……他還想讓我帶他去樹林裡看一種特別的動物。我很樂意效勞。樹林就是他的葬身之地。」

　　綺拉立即明白了這個男人的計劃：喬裝打扮以後，以新任宿舍管理員的身分混進學校，然後又不知用了什麼手段，騙取了彼得的信任。而彼得對他的陰謀一無所知，現在已經和他一起去了樹林裡。按照這個男人的計劃，彼得會在那裡永遠消失。

　　毋庸置疑，彼得正身處巨大的危險當中，綺拉必須立即行動起來。可是該如何行動？綺拉的大腦飛速運轉著。她應該直接跑去樹林，還是要先去通知朋友們？綺拉很清楚，單靠自己是無法與那個男人抗衡的，而且就算要找彼得，她也不知道從哪裡找起。沒錯，她需要朋友們的幫助。

綺拉以她最快的速度跑回了禮堂。觀眾們正要退場，人流像蟻群四散開來。在這樣的混亂當中，找到朋友們幾乎是不可能的。綺拉該怎麼辦才好？這時，錢錢忽然在她身後大叫起來。綺拉立即轉過身去，看到馬塞爾和莫妮卡就站在離她幾米遠的地方。巧的是，他們倆也看到了綺拉。三個朋友很快碰頭了。

綺拉激動地叫道：「彼得正在樹林裡，他有危險！我們得馬上去救他。現在我只知道這些。」

「但樹林這麼大，我們該怎麼找他呢？」莫妮卡問，她的臉上寫滿了絕望。幸好馬塞爾立刻有了主意：「我們讓錢錢去找。我有張彼得家人的照片，錢錢也許可以順著照片上的氣味找到線索。」

兩個小女孩欽佩地看著馬塞爾，他竟然這麼快就想出了好點子。莫妮卡怯怯地問：「我們不應該先通知金先生和其他人嗎？」「那就太遲了，」綺拉反對道，「我們得馬上走。有誰能去通知金先生嗎？」

三個人的目光在人流裡四處搜尋，看到的全是陌生的面孔，除了……綺拉看到了一條筆直的髮線。沒錯，她只用一秒鐘就認出了那個人，是休伯特。「誰都行，就他不行。」綺拉心裡閃過

這個念頭。但他們已經別無選擇，馬上就得走了，時間緊迫。

綺拉朝著總是和她作對的休伯特跑去，拉住了他的衣袖。休伯特認出了綺拉，沒好氣地說：「快放開我！妳已經贏了，這還不夠嗎？現在還想來折磨我？」綺拉絕望地回答說：「贏不贏的都不重要了，我現在需要你的幫助。我的堂弟彼得有生命危險。請幫幫我吧。」

休伯特懷疑地打量著綺拉。他做了一番心理鬥爭，臉色緩和了些，說道：「妳說彼得有生命危險？好，我幫妳。我該怎麼做？」

綺拉鬆了一口氣，迅速答道：「請你去找金先生和校長，然後告訴他們，我們三個正在樹林裡尋找彼得。那個想綁架他的男人把他帶去了那裡。」

休伯特一口答應下來，飛快地跑開了。綺拉他們向那片樹林跑去。綺拉邊跑邊不停祈禱，祈禱休伯特會遵守約定。馬塞爾似乎也心有疑慮，邊跑邊問綺拉：「妳覺得我們能相信他嗎？」

「但願如此吧，再說我們也沒得選了。」綺拉氣喘吁吁地回答。他們離開教學區，來到那片樹林裡。馬塞爾讓錢錢嗅了嗅彼得家人的照片。錢錢昂起頭，在風中嗅了嗅，接著吠叫了幾聲，

一個箭步向道路的左邊衝過去。很顯然，牠已經找到了線索。三個好友立刻跟了上去。

　　一路上，他們奮力穿過高高的灌木叢，銳利的樹枝劃破了他們的皮膚，蕁麻刺痛了他們。更不巧的是，日頭正緩緩地落下，樹林裡逐漸暗了下來。恐懼一點點地在孩子們心頭升起。但他們仍然努力振作起來，跟著錢錢向樹林深處跑去。終於，他們來到了一處巨大的廢墟前，那廢墟黑魆魆地矗立在幾棵高大的樹木之間。三個人心裡一沉，不由得停下腳步。這幢廢棄的建築散發著恐怖的氣息，他們嚇得直接僵立在那裡。

　　然而錢錢卻跳著、叫著，逕自向老舊的牆壁衝過去。綺拉想讓牠趕快安靜下來，但為時已晚。有聲音從這幢高大的建築裡傳出來。馬塞爾立刻從地上拾起一根粗大的樹枝，把它舉在身前當武器。兩個小女孩則躲在他身後，緊貼著一棵樹站著。

　　「誰在那裡？」有人從廢墟裡吼道，聲音十分低沉。綺拉聽得很清楚，她瞬間就辨認出來了：正是飛機上的那個黑鬍男！錢錢鑽進廢墟裡，一晃就不見了。牠一開始吠叫著，後來轉為低吼，這預示危險一步步逼近了牠。

　　後來，孩子們就什麼也聽不見了。

「得去看看怎麼回事。」馬塞爾低聲說，然後堅定地朝廢墟走去。

「還是在這裡等著吧，等救援來。」莫妮卡說，她害怕得全身發抖。

馬塞爾沒聽她的話，繼續小心翼翼地朝廢墟走了過去。綺拉跟在他後面。他們很快來到一扇搖搖欲墜的大門前，小心地朝裡面張望。

「糟糕，這裡面太黑了，什麼都看不見。」馬塞爾向她們倆低聲說。莫妮卡無論如何都不想獨自待在樹林裡，所以也跟著來了。馬塞爾繼續往廢棄的建築物裡走，儘管他什麼都看不見。

兩個小女孩努力跟上他的腳步。

周圍一片漆黑，伸手不見五指。要是他們有帶手電筒就好了……到處都彌漫著一股黴味。他們用腳慢慢試探著，小心地越過石板地上的各種雜物和墜落的石塊。他們臉上總是有蜘蛛網拂過，那蜘蛛網是從天花板上垂下來的，長達數米，黏黏糊糊，惹得莫妮卡不停地小聲尖叫。她最怕蜘蛛了。她能想像到的最恐怖的事，莫過於蜘蛛網黏到頭髮上。再說了，哪裡有蜘蛛網，哪裡就有蜘蛛。

馬塞爾繼續往前走著，他們其實早就迷失了方向。突然，馬塞爾大叫一聲就不見了蹤影。緊接著，從地面下方很深的地方傳來了撲通一聲。馬塞爾似乎掉進水裡了。

　　綺拉和莫妮卡頓時愣在原地。她們倆小心地俯下身去，在地上摸索著，好不容易才摸到一個缺口。原來，石板地上有個洞！馬塞爾一定是掉進了這個洞裡。綺拉和莫妮卡輕聲呼喚著馬塞爾，聽見他在下面小聲地咒罵，同時還有撥水的聲音。過了一下子，她們聽見馬塞爾喊：「這裡有個地下湖。這水冷死了。」他頓了頓，又補充了一句：「我其實一直很想在黑暗中游泳看看。」

　　兩個小女孩大大地鬆了一口氣，看來他沒什麼大礙。很快，他又開起了具有馬塞爾風格的玩笑。最後，他還說：「我沒事，現在遊到岸邊了。啊，這裡有個臺階。很好。妳們願意的話，也可以跳下來。呵呵。」

　　「這傢伙也太沒神經了，竟然還可以開玩笑。」莫妮卡嘟囔道。

　　忽然，幾聲叫喊穿過老舊的牆壁，伴著重複的回聲，聽起來格外詭異。接著又傳來幾聲狗叫，這聲音也激起了一波又一波

回聲，彷彿有數十條狂怒的猛犬在這裡出沒。在狗叫聲中還摻雜著暴怒的呼喊，然後是一扇沉重的門被關上了，狗叫聲驟然變小了許多。現在，孩子們能清楚地聽見那個男人的聲音了：「總算抓到你了，你這條臭狗。你就在這裡等死吧。看誰跟你一起陪葬。」驚慌之中，莫妮卡和綺拉緊緊地抱在一起。「那個人把錢錢關起來了。」莫妮卡說，她快要被嚇哭了。

「怎麼了？」馬塞爾在下面輕聲喊道。

「我想，那個人把錢錢關起來了。」綺拉告訴他，「他馬上就要過來了，這裡可能是唯一一條通往屋外的路。」

「妳們到處摸一摸，看看有沒有梯子什麼的。」馬塞爾努力想著辦法。綺拉和莫妮卡拼命地摸索著地面，然而希望太渺茫了。地上怎麼可能剛好有梯子呢？

莫妮卡突然大叫一聲。她尖銳的嗓音響徹整幢廢墟，在裡面一遍遍迴響。「怎麼了？」馬塞爾在下面擔心地問。

「我還以為摸到蛇了，」莫妮卡抱歉地說，「但只是根繩子。」

「什麼叫『只是根繩子』？女孩們！莫妮卡，快動動腦筋。這根繩子如果夠長，我就能抓著它爬上去了。」馬塞爾的語氣有

些生氣。

「等等，萬一那個男人聽見你了呢？」綺拉顫抖著說。彷彿是要證實她的話一般，遠處傳來了那個男人的叫喊：「又是那個臭丫頭！這次妳休想阻止我。我一定會讓那個粉筆頭消失的。等著吧，我要抓到妳！」

兩個小女孩怔住了。他果然聽到了！他早晚會追過來的！幸好馬塞爾頭腦仍然冷靜。

「把繩子扔下來！你們快看看能不能把它繫在哪裡。快點！」他催促道。綺拉首先從錯愕中回過神來。她迅速把繩子的一端扔進洞裡，接著尋找欄杆一類的東西，好固定住繩子的另一端。她居然很快找到了一處欄杆。這裡一定是通往樓上的樓梯！綺拉連忙將繩子牢牢繫在欄杆上。但願繩子夠結實，她邊繫邊想。

「好了！你可以上來了。」綺拉朝馬塞爾喊道。馬塞爾幾乎夠不到垂下來的繩子，他猛地一跳，雙手抓住了繩子，開始向上攀爬。兩個小女孩聽見他艱難地爬著，呼哧呼哧地喘著粗氣。與此同時，那個男人的腳步聲也更加清晰，他顯然跑得很快，而且愈來愈近了。

綺拉朝馬塞爾喊道：「快！那個傢伙快到了！」馬塞爾呻吟著回答：「我盡力了，我又不會飛！」他一邊說一邊使出了雙倍的力氣。

繩子雖然繫得很結實，但是它相當細，勒得手疼，馬塞爾幾乎都快握不住了。「要是繩子上有打結就好了，我還有個能抓握的地方。」他絕望地想著。

彷彿過了好久好久，馬塞爾才爬到洞口的邊緣。「快幫幫我，妳們這些洋娃娃腦袋！我自己哪上得去！」馬塞爾吃力地喊道。綺拉和莫妮卡緊趴在地，伸手去拉他。她們抓住了馬塞爾的手臂，用盡全力把他往上拉。馬塞爾怎麼會這麼重啊！終於，他的一條腿可以搆著地面了。

就這樣，在兩個小女孩的幫助下，馬塞爾使出了最後一絲力氣，爬出了洞口。

三個人氣喘吁吁地蹲了一下子。「我差點就抓不住要鬆開了。我全身的肌肉像被火燒一樣。」馬塞爾呻吟道，他還是喘不上氣來，不停地揉搓著自己發疼的雙手。

他們忽然聽見了一聲咒罵，那個男人似乎撞上了什麼東西。三個人又一次驚恐地意識到，那個人就近在眼前，必須要採取行

動！而且要立刻行動！他們看見大概十幾公尺外的地方，一道手電筒的光在牆上一閃而過。

「太晚了！他馬上就要把我們……」莫妮卡慘叫起來。綺拉飛快地說：「跑不了了。我們一時半刻也找不到出去的路，最好一起跳進水裡，別被他給抓住了！」

「就這麼辦！」馬塞爾興奮地低語道。

「我無論如何都不會跳下去！」莫妮卡立即抗議道。一想到要從那個洞口跳入黑漆漆的湖裡，她的聲音就打起顫來。

「不是我們跳。妳們兩個起來，站過去！」馬塞爾命令道，「就站這邊！」

「讓那個男人更容易找到我們？你瘋了！還是快想辦法逃走吧。」莫妮卡表示反對。

「這裡太黑了，我們肯定會迷路的。那個男人很快就能追上來，畢竟他有手電筒啊。快照我說的做。跟著我，這邊來！」馬塞爾的語氣不容反駁，綺拉和莫妮卡只好照辦。於是，他們三個站到了洞口後面約莫一公尺的地方。

就在這時，那個男人到了，他拿著手電筒照向孩子們，一束光正好打到了馬塞爾身上。馬塞爾對著那人吐舌頭，雙手在耳邊

揮舞著，他還不停地做鬼臉，大叫著：「呸，呸，呸……」

那個男人被激怒了，不由得加快了腳步。就在那人離孩子們只剩十幾公尺遠時，馬塞爾開口喊道：「膽小鬼來囉！只會抓小孩！」他又朝那人吐舌頭。那人顯然已經怒不可遏，邁開大步就朝著馬塞爾撲過去，結果一腳踩空，大叫著跌進了孩子們面前的洞裡。撲通一聲，他掉進了下面的湖裡。

馬塞爾連忙把繩子往上一拉，那個男人暫時被困在了下面。他一邊在水裡遊著，一邊破口大罵。「你們這些臭小鬼，老子要親手捏死你們！」他狂暴地吼道，沒想到嗆了一口水，咳嗽得喘不過氣來。

「游泳的時候，話可別說太多，」馬塞爾嘲諷他，「不然肺裡會進很多水的。」

「老子要把你按進水裡，按到你連水都嗆不進去為止！」從下面傳來一句暴怒的回答。

「是嗎？那您想怎麼上來呢？」馬塞爾大笑著問。這時，莫妮卡拽了拽他的袖子，小聲說：「我們還是快跑吧。萬一有條能上來的路被他發現了呢……」

「沒找到錢錢我是不會走的！」綺拉很堅持。那個男人已經掙扎著從湖裡爬到了岸上。突然，他大吼一聲：「喬治！哈利！快過來！這些該死的小鬼就在洞口旁邊！」

三個人頓時毛骨悚然：那個男人還有同夥！他們可根本沒有料到啊。那人不停地喊著：「喬治，哈利，快過來！」

「他可能在騙我們。」馬塞爾說，但語氣並不太肯定。緊接著，的的確確有聲響從廢墟深處傳了過來。

「我們現在該怎麼辦？」莫妮卡問道，她害怕得直哆嗦。

「我們去找錢錢。」綺拉提議道。馬塞爾表示同意：「不管怎麼說，待在這裡可不是辦法。綺拉說得對！我們順著那個男人來的方向去找，錢錢肯定被關在那邊。」

三個人先是手腳並用，小心翼翼地繞過洞口，然後站起身，貼著牆壁摸索著前進。

被困在下面的男人察覺他們走遠了，叫道：「喬治，哈利，快！他們三個溜走了！快點！」

綺拉、莫妮卡和馬塞爾不由得加快了腳步。他們忽然聽見背後有動靜。那聲音雖然離他們還有一段距離，不過應該很快就能追上來。三個人的步子邁得更快了，竭盡全力在黑暗中狂奔起

來。

這時，一個堅硬的東西絆倒了莫妮卡，她倒在地上哭了起來：「我走不了了！我好像拐到腳了。」

「我們必須得走！」馬塞爾命令道，「他們很快就會追過來的。快起來！」

「我真的痛死了，走不了啊！」莫妮卡的聲音聽起來非常痛苦。馬塞爾不管這些，直接扶她起來，說道：「打起精神。我幫你！」他摟著莫妮卡的腰，攙著她繼續向前走。但這樣一來，他們的腳步就拖慢許多，而身後的聲響愈來愈近了。

「不行了，」綺拉驚恐地低聲道，「他們快要追上來了！」他們能感到手電筒的光就打在後背上。真是太絕望了……他們驚恐地拼命往前跑。莫妮卡每跑一步就慘叫一聲，她真是痛得太厲害了。

猛然間，他們聽見前面也有聲響傳來。「這下糟了！這幫壞蛋兩面夾擊，我們就等著被捉吧！」綺拉斷言道。這一回馬塞爾也沒了主意。三個人向一面牆退過去——這下他們完全暴露行蹤，真是無處可藏了。

他們前面和背後的聲音幾乎同時在靠近。先到的是他們前面的那群人。手電筒的強光打在了三個人身上。馬塞爾不禁吼道：「你們這群渾蛋！」

一個低沉的聲音回答道：「別怕，是我，斯諾頓校長。」幾乎同時，孩子們聽見身後傳來另一個熟悉的聲音：「我也在這裡！」這是金先生。現在，整條道路被照亮了，他們這時才發現校長身邊還有幾名員警，而金先生則帶來了保鏢。

這群人裡還有——彼得。他被關在一個房間裡，員警發現了他，把他解救了出來。莫妮卡和綺拉欣喜地擁抱了彼得。接著，馬塞爾也把他抱在了懷裡。這對堂兄弟顯然感情很好。人群裡還有一張熟悉的面孔：休伯特。這個一貫整潔的男孩簡直變得認不出來了。他的臉頰上有一道長長的刮傷，頭髮也亂蓬蓬的，一雙眼睛卻因為自豪而閃閃發光。

金先生把手搭在休伯特的肩頭，說：「那兩個傢伙跑了。要是沒有休伯特，我們根本找不到你們。是他把你們的去向告訴了我們。他在這所學校待了很長時間，所以知道有這麼一處廢墟。是他出主意讓我們到這裡找的。」

綺拉簡直不敢相信，休伯特看起來簡直判若兩人。馬塞爾

又恢復了幽默感，他咧嘴笑道：「嘿，兄弟，我更喜歡你這樣子！」說著，他指了指休伯特亂蓬蓬的頭髮。休伯特忙不迭地整理了一下髮型。大家都笑了，休伯特笑得尤為開懷……

「我們得找到錢錢。」綺拉想起了她的愛犬。

「還得把那個壞蛋從洞裡拉上來。」馬塞爾說。他們七嘴八舌地說清了事情的經過，令大人們讚歎不已，尤其是說到馬塞爾故意刺激那個男人，誘使他一腳踩空跌下去的時候。警長下令搜尋錢錢，而另一組警員則前往洞口那裡，去逮捕那個男人。

綺拉大聲呼喚著錢錢。話音剛落，就有一聲微弱的吠叫回應了她。大家循著聲音過去，很快來到一扇厚重的門前。這隻拉布拉多就被關在裡面。員警很快就撬開了鎖，綺拉欣喜若狂地把錢錢摟在了懷裡。

馬塞爾小聲對彼得說：「要是換作我開鎖，時間能縮短一半。」彼得佩服地看著他。

錢錢興奮地舔著綺拉的臉。能救回錢錢，綺拉實在是太高興了，根本沒嫌棄牠的舔人的壞習慣。這時，另一組警員把那個男人從洞裡拉了上來，把他上了銬。孩子們害怕地打量著他，但已經認不出他來了。

那個男人已經完全變了個樣子。「就跟照片上一模一樣！」這個念頭在綺拉的腦海中閃過。他現在的確是滿頭金髮，黑鬍子也不見了。只有從黑色的眼睛和右臉的傷疤上，才能勉強找到飛機上那個黝黑男人的影子。

　　即使是渾身濕透，手戴鐐銬，而且處在員警的嚴密監視下，那個男人看起來依舊兇神惡煞一般。孩子們不禁打了個寒戰，趕忙別過頭去。

　　儘管員警們努力地搜尋，但仍然沒有找到那兩個同夥，他們很有可能逃遠了。

　　大家終於可以離開這座廢墟了。他們花了幾分鐘穿過樹林，回到了學校。學校裡到處洋溢著激動的氣氛，人人都在談論剛剛發生的事情。同學們不斷擁過來，不停地問東問西，各種問題幾乎把綺拉他們淹沒了。

　　校長不得不出面說道：「這幾個勇敢的同學現在需要休息！」說著，校長把孩子們領進了辦公室。他的秘書端來餅乾和熱巧克力。綺拉、莫妮卡、馬塞爾和彼得有太多的話要說了。休伯特自然而然地和他們坐到一處，聽得特別認真。孩子們對他謝了又謝。彼得先是講了他是怎麼去的廢墟那裡。彼得和新來的宿

舍管理員成了朋友。彼得完全沒有意識到，他就是飛機上的那個黑鬍男。後來，彼得聽從了他的提議，跟著他去樹林裡看矮鹿。

綺拉一演講完，他們兩人就出發了。這個時間點選得很巧妙，因為那時大家都沉浸在興奮之中，沒人注意到他們離開了。在樹林裡，男人突然抓住彼得，把他拖進了那幢廢棄的建築裡。儘管彼得大聲呼救，但沒人聽得見。

綺拉心想：「如果不是那位睿智的老奶奶，如果不是她提醒我看一看照片，後果簡直不堪設想。」不知怎的，綺拉始終沒有跟朋友們說起過放大鏡和老奶奶。

綺拉還有一些事情要說清楚。她把休伯特帶到辦公室的角落裡，想單獨和他談談。綺拉又一次衷心地感謝了他，然後說：「你其實一點也不怪。我們為什麼要那麼針鋒相對呢？」

休伯特答道：「我第一次看到妳的時候，其實我根本就不討厭妳。可是後來妳拿我的髮型冷嘲熱諷。我很討厭別人取笑我的髮型，就像討厭瘟疫一樣，所以我就想報復妳。我想，一切就是這樣開始的。」

綺拉心有感觸地看著休伯特。她根本沒有意識到，原來是她自己引發了這場爭鬥。不管怎麼說，她都感謝休伯特坦白地說出

了原因，兩個人最後握手言和了。綺拉心想：雖然休伯特應該永遠都不會成為我最好的朋友，但我也沒理由不跟他友好相處啊。

\ Chapter 13 /

重歸故里

這時，金先生走進校長辦公室，綺拉把自己和休伯特的談話告訴了他。金先生說：「是啊，令人驚訝的是，激烈的爭吵往往原本可以輕易地避免。很多時候，只是斜眼一瞥就足夠引起爭吵了。有時候，我們會覺得一個人態度傲慢，但事實上他不過是缺乏安全感。」

綺拉說道：「其實我只是覺得他頭髮的分線很直，看起來很有意思，但這讓休伯特很不舒服，覺得我在嘲笑他。所以，他就對我說了些傷人的話。果不其然，我們很快就認定對方是個徹頭徹尾的討厭鬼。」

金先生理解地點了點頭。綺拉想了想，又問：「但我該怎麼避免出現這種情況呢？我真的一點也不想這樣。一想到我曾經自以為『得理不饒人』地憎恨過休伯特，我就感到很害怕。」

金先生答道：「妳還記得第一條準則嗎？」綺拉立刻回答：

「當然啦！要友善待人。」

金先生微笑著解釋道：「很對。我來舉個例子幫妳思考。設想一下，妳的帳戶上沒有錢了，而妳的自行車又壞了，必須花錢修理，但妳身上根本一分錢都沒有。」

「那可就麻煩了。」綺拉立即說道。

金先生繼續說：「那現在再設想一下，如果妳的帳戶上有幾百歐元，而這時妳的自行車壞了——妳還會覺得這是麻煩嗎？」

綺拉想了想，然後說：「這當然不是什麼令我高興的事，但也算不上是麻煩，因為我有足夠的錢。」

「沒錯。」金先生表示贊同，「我們和他人的關係也像銀行帳戶一樣。」聽到這裡，綺拉不禁笑了。金先生可真是位理財專家，總是愛拿錢來打比方。

金先生彷彿猜出了綺拉的心思，他微笑著說：「學過理財的人總想把這種知識套用到生活中的其他領域。我們也可以把人際關係視作一種銀行帳戶，而維持一段良好關係的成功秘訣就是向帳戶裡『存款』，因為沒有人可以長期不『提款』。」

「您說的『存款』和『提款』指的是什麼？」綺拉不解地問。

金先生立即跟她解釋說：「當我們傷害別人的時候，就相當於在『提款』。我們帳戶裡的『存款』會因此而減少，我們在別人心裡的印象也就沒那麼好了。這時，如果妳的帳戶裡有很多『存款』，那麼妳與對方的這段關係就更容易承受這樣的『提款』；但如果我們很長時間都沒有往裡面『存款』，結果帳戶『空了』，那麼每次『提款』就都會成為麻煩了。」

綺拉領悟到了金先生所說的「存款」是指什麼。她猜道：「那麼所謂『存款』，就是我們要友好地對待別人囉？」「完全正確！」金先生臉上綻放出光彩，「我們舉個例子吧。安妮和妳，妳們倆已經成了好朋友。如果她先前和妳約好了一件事，臨到頭來卻忘記了，妳會怎麼想？」

「我知道安妮不是故意的。她經常幫助我，幫了我太多太多忙。」綺拉思索後說道。

「這就是我說的人際關係帳戶裡有很多『存款』。」金先生馬上說道，「妳知道安妮是真心喜歡妳，因為她對妳一向都如此。反過來也是一樣，妳也幫了安妮很多忙。這就意味妳們的人際關係帳戶裡有很多『錢』，所以小小的不愉快能很快被原諒。」

「不過，我們不是應該避免去傷害別人，避免去『提款』嗎？」綺拉繼續問。

金先生回答說：「妳當然不想故意去傷害別人，但遺憾的是，很多時候對別人的傷害都是無意的，是我們無法完全避免的，所以『存款』就顯得非常重要了。」

綺拉這下明白了。初識休伯特的時候，他們倆的關係帳戶裡還沒有「存款」。所以，單單斜眼一瞥就足以構成一筆小小的支出了，如此一來，這個關係帳戶就已經「負債」了。綺拉突然有了個點子。她蹦到金先生身邊，摟住他的脖子，在他臉上用力親了一下。

「該『存款』了！」綺拉大笑著嚷道，「您是我的好朋友，太謝謝了。」金先生不好意思地清了清嗓子，但看得出來他很高興。

綺拉覺得，關係帳戶真是個絕妙的想法。這天晚上，孩子們又在一起聊了很久。過了一下子，珊迪和安妮也來了。莫妮卡利用這個機會，又把拯救彼得的故事從頭到尾講了一遍。當他們終於上床睡覺的時候，都感覺筋疲力盡了。

第二天早上，孩子們得知，金先生、校長和他們的父母已經

說好，讓他們今天就搭飛機回家。昨天晚上，金先生和校長與馬塞爾、綺拉和莫妮卡的父母通了電話，大家達成了一致意見：既然現在知道有個犯罪集團盯上了彼得，學校已經不再安全，彼得應該和他們一起離開。金先生還和馬塞爾的父母特別談過。他們同意收留彼得。馬塞爾和彼得都高興極了，他們兩個在這段日子已經結下了深厚的友誼。

回家讓綺拉有多高興，和里約‧雷德伍德學校的人們道別就讓她有多惆悵，尤其是要惜別珊迪、安妮和好老師，因為他們都成了綺拉的知心好友。綺拉傷心地對好老師說：「我不知道自己是不是真的會享受回去的旅程，因為認識了像您、安妮和珊迪這樣的朋友，離別真的太難過了。誰知道我還能不能再次見到您和她們呢⋯⋯」

好老師像往常一樣，微笑著表示理解。然後，他對綺拉說：「我也會想念妳和妳的朋友們的，甚至會非常非常想念。如果妳們沒有來到這裡，我就永遠不可能認識妳們，我的生命也不會這麼豐富多彩。現在，跟妳們相處的點滴也駐留在我心裡，給了我永遠難忘的回憶。」綺拉努力地擠出一個微笑，說道：「但我還是會難過⋯⋯」

好老師回答道：「這取決於妳把注意力放在哪裡。如果妳只想著自己要失去的東西，那就肯定會難過。如果妳想著我們一起經歷過那麼多美好，喜悅和感恩之情就會占上風。」

歡送會自然是在好老師家裡舉辦的。聚會結束了，離別的時刻終於到來了。走進機場時，綺拉一次次轉過身和大家揮手道別。她暗暗許下諾言：總有一天會回來的……

一行人登上金先生的飛機，踏上了回家的漫長旅途。飛行全程平安無事。他們抵達的時候，家長們已經早早在機場候著了。現場居然還有一個歡迎儀式！彼得一路上非常忐忑，因為他就要見到馬塞爾的父母了。等到一見面，馬塞爾的父母立即把他抱進懷裡，這讓彼得瞬間有了家的歸屬感。

第二天，綺拉做的第一件事就是跑去森林邊，去看那棟許久無人居住的老房子。她盼著能在那裡見到睿智的老奶奶。果不其然，這位老奶奶正沐浴著陽光，坐在屋前的舊長椅上。她們親切地打了招呼。

綺拉有好多好多的話要說。她說起了自己的冒險經歷，以及安妮逐漸康復的消息，老奶奶聽著格外欣慰。但綺拉覺得，這位老奶奶其實早就什麼都知道了，畢竟她曾在加州突然出現過。不

過，她仍然聽得饒有興致，綺拉感覺受到了鼓勵，就繼續講了下去。

然後，綺拉說起了那七條準則。她自豪地向老奶奶展示了那七張卡片。老奶奶認真地讀過卡片上的內容，讚許地點點頭說：「你們做得棒極了。這七條準則可是一座寶庫啊，而且好老師講得也很好。」接著，她意味深長地看著綺拉，問道：「那麼這些卡片上的道理，妳想花多少時間來學呢？」

綺拉回答：「我會一直學習下去，直到我真正掌握它們。也許我永遠也做不到這一點。至少好老師是這麼說的，我覺得他說得有道理。我打算花很長時間，堅持每天學習一張卡片。」

老奶奶欣慰地點點頭，這正是她所期待的回答。她提出一個建議：「要是妳願意的話，我們可以天天見面，每天討論其中的一條準則。這樣妳可以有更好的理解，讓它們變成妳生命的一部分。妳覺得怎麼樣？」

綺拉當然很贊同。於是，她每天下午都會到森林邊的老房子裡，與老奶奶討論甜甜圈圓孔的話題。一天又一天，那七條準則在她心裡變得更加明確：

1. 友好親和

2. 承擔責任

3. 鼓勵他人

4. 幫助給予

5. 常懷感恩

6. 勤學不輟

7. 值得信賴

　　她們在談話的時候，總是會想一想綺拉在當天可以採取哪些具體的行動，比如，星期五的主題是「常懷感恩」。老奶奶與綺拉想出了一個遊戲。她們輪流說出自己要為之感恩的事，比如有熱巧克力喝、能夠看見、能夠奔跑、錢錢、好天氣、爸爸媽媽……就這樣一來一回，說上好幾分鐘。

　　接著她們又開始思考，綺拉可以給誰寫一封感謝信。綺拉首先想到了好老師。她寫了一封長長的信，寫得格外用心，然後把信寄往了加州。

　　特倫夫太太也收到了綺拉的感謝信。她讀到這封信時，心裡十分開心。

綺拉還把所有的新想法都記在了這些卡片上。

有一次和老奶奶見面的時候，綺拉想起了那個放大鏡，就問道：「如果有那麼一天，放大鏡不再起作用了，我該怎麼辦才好？它真是幫了我的大忙！」

老奶奶回答道：「妳其實根本就不再需要放大鏡了。妳已經學到了很多很多。當妳遇到困難的時候，先去想一想妳的榜樣，然後問自己：『換作是他的話，他又會怎麼做？』這時妳就會知道，妳其實已經心裡有底了。實際上，這和妳用放大鏡看照片是相同道理。」

綺拉想了一下這些話裡的意思，然後說：「這樣說來，對於您、金先生和好老師會給出什麼建議，我確實能猜得出來──特別是您的建議，因為我對您已經非常瞭解了。但遇到壞人該怎麼辦呢？比如說，我根本就不認識那個黑胡子男人，那種時候還是得依靠放大鏡啊。」

老奶奶沉思著點點頭，答道：「有一種東西叫作直覺，我們可以把它理解為一種確切的感覺，即我們覺得自己該做什麼，認為什麼東西不太對勁。這種感覺，或者說這種內心的聲音，其實是每個人都擁有的，只是大多數人不想聽罷了。」

綺拉不由得回想到，她在飛機上第一次見到那個黑鬍子男人時，心裡就陡然生出了恐懼。那一定就是直覺。綺拉把這個想法告訴了老奶奶。老奶奶肯定了她的想法：「我指的就是這個。妳必須學會傾聽內心的聲音，聽從妳的直覺，這樣能更容易地分辨出危險和機遇。在某些特殊情況下，妳可以想一想那些能給妳建議的人。把注意力集中在這些榜樣身上，妳就自然而然地知道該怎麼做了。」

「那麼我現在不再需要那個放大鏡了？」綺拉問道，她還是有點懷疑。不等老奶奶回答，她就從自己的包裡摸出那個放大鏡，把它舉到她錢包裡的一張照片上。結果……什麼也沒發生！她又試了好一下子，可還是無事發生！綺拉失落地放下放大鏡，疑惑地望著老奶奶。老奶奶說：「我們在面對一些超乎尋常的任務時，才會得到一些非比尋常的幫助，但這些『禮物』只在我們真正需要時才出現。」

綺拉有些難過，她嘆了口氣說：「這就像是旅途中結識的朋友，我們相識、道別，然後遇到下一個，再相識、道別……這些幫助也是這樣。先是錢錢可以開口說話了，然後牠又突然再也不說了。這個放大鏡一開始能讓照片『說話』，但現在呢？它好像

變得再普通不過了。」

「妳應該為曾經擁有它而高興，別老想著那些已經失去的東西。」老奶奶回答，「一艘船把我們擺渡到對岸以後，我們也就不再需要它了。」

綺拉反駁道：「可萬一我們又想坐船回去了呢，回到我們來的那一邊？」

老奶奶意味深長地說：「人生不會如此，它永遠向前。妳雖然可以暫時休息一下，可以默默積蓄力量，但是永遠不可能回頭。」

「有時候，我真希望自己能變小幾歲，那樣的話什麼都會變得簡單點。」綺拉喃喃地說。

老奶奶點點頭，表示理解：「我想，每個人都會時不時冒出這樣的念頭。我們成年人也是一樣。但人生是一場旅行，它永遠向前。我們大多數人先是向外，努力去打造甜甜圈外面的圈：上學，找工作，租房子或買房子，買臺小轎車，存款或投資……到了人生的某個轉捩點，有些人的旅程開始向內，他們開始鍛鍊自己的內在，關注自己的品格，這就是甜甜圈的孔。不過，人生總是一直向前，總是通往新的彼岸和歷險。在這個過程當中，明智

的人會兼顧物質和品格這兩個方面。」

　　綺拉不確定自己是否真的領悟了這些話。老奶奶安慰綺拉說：「妳不必現在就懂，以後妳自然就會理解的。」此時此刻，綺拉也沒法再多問些什麼了。

Chapter 14

告 別

明天是老奶奶的生日，綺拉暝思苦想了許久，思考該怎樣才能為她製造一個驚喜。終於，她想出了一個好點子。在一家小商店裡，綺拉找到了一塊特別漂亮的白色水晶。它的外形獨一無二，幾乎是標準的橢圓形，但也十分昂貴。好在綺拉可以幫助店主照看愛犬作為抵償。

綺拉把這塊白色水晶放進一個紅色的紙盒裡，還在上面繫了個漂亮的蝴蝶結，然後拿著它飛快地跑到了老奶奶住的老房子。老奶奶對這一切毫不知情。綺拉送上了禮物，並為她唱起了生日快樂歌。索尼婭‧懷斯女士小心地把紙盒放在膝蓋上，聽綺拉把歌唱完，她的眼睛濕潤了。

「妳不知道我有多久沒聽到別人為我唱起這首歌了，」她輕聲說，「而且，我也已經好多好多年沒收到過禮物了。」

「您盒子還沒打開呢。」綺拉著急地催促。老奶奶慢慢地解

開蝴蝶結，又過了彷彿有一個世紀那麼久，她終於打開了紙盒。當看到那顆水晶時，老奶奶一下子睜大了眼睛，小心翼翼地把它捧在手心裡。她再也無法止住眼淚，小聲地感歎道：「太美了，實在太美了。我還從沒見過這麼華麗的水晶。這是我所擁有的最美的一塊白色石頭。」接著，她緊緊地把綺拉摟在懷裡。綺拉再一次感受到，給他人帶來真正的快樂是多麼美妙啊。

牆角有個很漂亮的舊玻璃櫃，老奶奶極為鄭重地將水晶放了進去。過了好一下子，她的心情才重新平靜下來，臉上煥發出比剛才更加幸福的光彩。她對綺拉說：「我還有最後一件重要的事想和妳談談……」

「我們還可以一起談論許多許多事呢。」綺拉不假思索地打斷了她。老奶奶並沒有理會綺拉的插話，繼續說道：「妳知道什麼是自己最寶貴的東西嗎？」綺拉不解地看著她。

「是錢錢嗎？」她猜道。

「沒錯，錢錢的確很寶貴。」老奶奶笑著回答道，「不過，我現在指的是其他東西。我要說的是妳的朋友們。他們都心地善良、熱愛學習，並且力求上進。」

「是的，難道不是所有的孩子都熱愛學習嗎？」綺拉詫異地

問。

「學習本身並不代表一切！」老奶奶擲地有聲地回答，「關鍵在於我們為什麼要學習。很顯然，你學習的目的是為了成為一個更好的人。而在這個過程當中，你也發展和掌握了一項寶貴的才能，那就是努力幫助他人展現出他們自己最好的那一面。」

綺拉很謙虛地否認了這一點，但老奶奶不為所動，她說：「妳對朋友們發揮了積極的帶動作用，而且妳還會主動接近那些能對妳施加良好影響的人。這正是成功與幸福生活的祕訣，是通往白色石頭的必經之路。」

「是呀，白色石頭，」綺拉也想起來了，「我還想多瞭解它一些。」

「現在還不到時候。不久以後，妳就要出發尋找屬於妳的白色石頭了。但在這段時間裡，請不要忘記按照那七條準則去行動，繼續與好人交往。」老奶奶回答說。

綺拉明白了，每當老奶奶用這種聲音說話時，就意味著她不打算再透露什麼了。綺拉是多麼想再多瞭解一點白色石頭啊……突然，她感覺自己很快就要開始一場全新的歷險了，而且白色石頭將會在其中扮演重要的角色。

綺拉很快就與老奶奶道別了，她事先約好了與朋友們見面。現在，彼得對馬塞爾家的生活已經適應良好。那個想綁架他的犯罪集團目前還沒什麼線索，而那個臉上有傷疤的男人正待在監獄裡。當然，莫妮卡又迅速把這次冒險故事說了出去。

　　綺拉突然做出了一個決定，她打算把老奶奶介紹給朋友們了。大家先是相互問好，然後你一言我一語地閒聊了一陣子，她就順口提議說：「有個人我想你們也應該認識一下。還記得森林邊那棟廢棄許久的老房子嗎？」這難不倒馬塞爾和莫妮卡，他們當然知道綺拉指的是哪棟房子，只有彼得一頭霧水。

　　「其實那棟老房子並沒有廢棄，」綺拉有些神神秘秘的，「那裡住著一位睿智的老奶奶。我想帶你們去見見她。你們來不來？」

　　大家都同意了。於是，四個人跟著錢錢一起走向森林邊上的老房子，很快就到了那裡。但這一次，老奶奶並沒有坐在老舊的長椅上。

　　綺拉飛快地跑進屋裡，其他人也跟著走了進去。綺拉一進到裡面，就覺得似乎不太對勁，房子裡的一切都不一樣了。但到底有什麼不一樣，綺拉一下子也說不準。而且，她也沒找到索尼婭

‧懷斯女士,那位睿智的老奶奶。綺拉呼喊著老奶奶的名字,卻沒人應答。綺拉不由得提高了音量,但還是沒有回應。

「老奶奶可能是去散步了。」綺拉失望地說。馬塞爾仔細打量了四周,說道:「我覺得這裡已經很久沒人住了,到處都是汙垢和塵土。這所房子應該廢棄很久了,我早就知道。」

「別亂講!」綺拉反駁道,「這裡住著一位睿智的老奶奶。一小時前我還和她坐在這裡聊天呢。」

「真的嗎?那妳究竟是坐在哪裡?」馬塞爾質問道。

「就在這個沙發上。」綺拉指了指一件滿是灰塵的老式傢俱。馬塞爾稍微用腳尖碰了碰,沙發就開始「搖頭晃腦」起來。馬塞爾嘲諷地看著綺拉說:「我看妳就是在胡說八道。這東西肯定有很多年都沒人坐過了。」

「我沒胡說,我剛剛確實坐在那裡了!」綺拉倔強地大聲喊道,聲音大得連她自己都嚇了一跳。她一心想要證明自己,一屁股坐到了那個落滿灰塵的沙發上。沙發先是發出了一陣刺耳的嘎吱聲,然後哼嚓一下就在她身下散開了。看著綺拉狼狽又費力地站起身,其他人都禁不住大笑起來。

綺拉一邊揮去衣服上的灰塵,一邊絕望地自言自語道:「我

真的沒有精神錯亂，今天早上這裡明明還有人住，不可能這麼快就被弄髒了啊⋯⋯」

彼得頗為內行地解釋道：「這就是所謂的時差紊亂妄想症。別擔心，它很快就會過去的。妳只是有點累了。」

「什麼妄想症？」綺拉沒聽懂。「他的意思是說妳在胡說八道。」還是馬塞爾比較直言不諱。

「你胡說！」綺拉怒氣衝衝地說，「我們回到家好幾天了。再說，我一點也不累。我再跟你們說一遍，這裡住著一位睿智的老奶奶，她名叫索尼婭・懷斯。」

「知道啦，」馬塞爾聳了聳肩，有些擔憂地望著綺拉說，「不要激動，真相終究會水落石出的。」

「別用這種眼神看著我，好像我真的神智不清了一樣。」綺拉不滿地說。

「也許妳應該跟金先生談一談。」莫妮卡提議道。

「無論如何，這裡肯定沒人住過！這一點根本用不著懷疑！」馬塞爾又一次斬釘截鐵地說。彼得也認為他說得有道理。這時，綺拉仔細地環顧四周，的確，沒有任何跡象表明有人最近在這裡住過。這一切真的太瘋狂了。

突然間，綺拉想到了一個新主意。她說：「離這裡幾百公尺以外住著一位守林人。也許他能證明老奶奶確實住在這裡。他肯定知道的！」綺拉急忙跑向守林人的小屋，其他人緊隨其後。幸運的是，守林人這時正好在家。綺拉上氣不接下氣地問他：「您有看到懷斯女士嗎？」

　　守林人反問道：「看到誰？」

　　「啊，就是那位老奶奶啊，她就住在森林邊廢棄的老房子裡。」綺拉連忙解釋。

　　守林人回答道：「我的小姐，那裡根本就沒人住，而且是很多很多年都沒人住了。我也不認識什麼懷斯女士，請別再拿這些無聊的事煩我了。」

　　朋友們意味深長地看了看彼此。綺拉無比失望地說：「這不可能啊。今天早上我還和她說過話呢！」守林人有點不耐煩了，他嘟噥著說：「別太過分了，我看妳還是去耍其他人吧。」

　　綺拉洩氣地離開了守林人那裡，慢吞吞地回到那座老房子前。她對朋友們說：「我知道你們都不相信我，但是請再幫我個忙，我們再一起仔細檢查一下這座房子吧，說不定還能找到點什麼。」

其他人同意了綺拉的請求。馬塞爾說：「好吧，我們再進去瞧一瞧。不過有一個前提條件：看完它之後，妳得去找金先生談一談。懂嗎？」

　　綺拉答應了他。隨後，他們再一次踏入了那座被廢棄的房子。這一次，連綺拉也慢慢發覺，這座房子的確不可能有人居住，而且已經空置了很多年了。不過，這一切不可能只是她的幻覺啊……

　　「你們快來看！」莫妮卡的聲音響起，打斷了綺拉的思緒。「這裡全是白色的石頭。它們一定是以前住在這裡的人蒐集的。」

　　聽她這麼一說，其他人也注意到了，這裡到處都散落著白色的石頭。綺拉可一點也不意外，但這一次她決定，還是什麼也不說最好。彼得撿起了一塊擱在窗臺上的石頭。他若有所思地觀察著它，然後突然叫道：「這可真有趣。這塊石頭上一點灰也沒有。」馬塞爾聽了很是好奇，他也伸手拿了一塊，發現這塊石頭同樣一塵不染，光潔發亮。他驚訝地自言自語道：「這可真是怪了，簡直可以稱得上是個小小的奇跡。屋裡到處都是髒兮兮的，只有這些石頭一塵不染。這到底該怎麼解釋呢？」

綺拉忍不住偷笑起來。也許奇跡又一次在這裡發生了。她突然確信，自己並沒有瘋。綺拉走到牆角的舊玻璃櫃那裡，也就是老奶奶存放生日禮物的地方。但她並沒有發現那顆白色水晶，取而代之的是一封信。綺拉連忙拿起信，偷偷地把它塞進自己的褲子口袋裡。她一瞬間就做出了決定，要對其他人隱藏這個秘密。也許帶朋友們來這裡就是一個錯誤……

馬塞爾說：「我們趕快離開吧，這座房子有點不太對勁。」莫妮卡立刻舉雙手贊同，大家都感到有點毛骨悚然。綺拉也覺得自己該離開了，倒不是因為害怕這裡鬧鬼，而是因為她清楚地知道，在這裡再也找不到別的東西了。

當他們四個揮手道別時，馬塞爾再次提醒綺拉說：「記住我們的約定，別忘了跟金先生談談這座被廢棄的房子啊。」

綺拉點點頭。她非常高興，因為現在終於可以一個人清靜一下了。她迫不及待地想要看看那封信！綺拉飛快地跑回自己的房間，撕開了信封。一封簡短的信很快在她手上展開，信是用一種相當古老的字體寫成的：

親愛的綺拉：

　　和妳在一起的時光帶給我許多快樂。不過，現在我的任務已經完成了，而妳也已經不再需要我的說明了，所以我就動身去了另一個地方。妳要時常記著那個甜甜圈的比方，要透過好好打理財務，繼續打造自己外在的那個「圈」。但妳也要注意培養自己的品格，每天都要將注意力集中在這七條準則的其中一條上。這樣，妳就會成為一個真正完滿的人。妳也會讓身邊的人始終感到愉快和舒心。

　　當妳覺得時機已經成熟的時候，就出發尋找屬於妳的白色石頭吧。妳必將再次面臨許多危險，但這場征程是值得的，而且妳會在適當的時候得到幫助。

　　另外，永遠不要忘記：妳並不是獨自一人。給妳熱情的擁抱！

索尼婭‧懷斯

　　又及：妳的禮物我已經帶走了。我每天都會看一看它，因為它實在是太美了。再一次衷心向妳道謝。

綺拉拿著信的手落在了床上。她靜靜地坐了很久，心裡一直在想著那位睿智的老奶奶。她明白，自己可能再也見不到索尼婭·懷斯女士了，一股巨大的悲傷包圍了她。

但她又想起好老師曾經說過類似的話：「與其為那些失去的東西痛苦悲傷，不如為妳曾經擁有它的時光而歡欣鼓舞。」

綺拉不確定自己是否領會了這句話。不過，她愈是去想起和老奶奶一起度過的美好時光，她的悲傷就消散得愈快。

過了好一會，綺拉決定履行與馬塞爾的約定，和錢錢一起去拜訪金先生。像往常一樣，金先生立刻起身接待了她。他非常歡迎綺拉和錢錢的到來。綺拉說：「我在森林邊上遇見了一位老奶奶，但她現在已經離開了⋯⋯」說到這裡綺拉心裡一驚，趕緊住了口，因為她還完全沒有想好怎麼跟金先生解釋這件事，他肯定會覺得自己在胡思亂想。

不過，金先生始終微笑著，鼓勵綺拉繼續說下去。他問：「那位老奶奶的名字叫什麼？」

「索尼婭·懷斯。」綺拉回答說。金先生吹了一聲口哨，然後放鬆地靠在了沙發背上。不知怎的，當他注視著窗外的時候，他的臉突然顯得年輕了許多。金先生看起來像是陷入了久遠的回

憶，最後他終於說話了：「索尼婭。妳是說那位心地善良的老索尼婭？她還好嗎？看起來怎麼樣？」

綺拉立刻感到鬆了一口氣。她至少有一點可以確定：要是自己瘋了的話，那麼金先生也是一樣。綺拉回答說：「她看起來很棒，碧藍的眼睛閃閃發光，臉上總是掛著幸福的微笑。我很確定她過得很好。但現在她已經走了，我也不知道她去了哪裡。」

金先生回答說：「我已經認識懷斯女士很多年了。她是個了不起的女人，曾經給了我莫大的幫助。我想，要不是因為她，我會成為一個唯利是圖的人，一味地去追逐金錢。是她讓我看到，還有許多用金錢也買不到的東西，它們有著無比重要的意義。」

「比如說，那七條準則嗎？」女孩問。

「對，就是那七條準則。」金先生確認道。他看起來有些悲傷地說：「她每次在完成任務後就會離開。」

「我很想念她，但朋友們都以為我瘋了！」綺拉解釋說。金先生笑了起來，綺拉立刻感到如釋重負。每當金先生一笑，她就會感覺瞬間放鬆下來。

金先生說：「你並沒有瘋，妳只是有點特別罷了。命運賦予了妳特殊的使命。」「但我真的很想念她。」綺拉又一次重複了

剛才的話。

「我也想念了她一段時間。」金先生說，「但很快我就懂了，現在有其他人比我更需要她的 明。即使她離開了，她的一部分卻已經融入了妳的生命。」

綺拉覺得金先生說得有道理：老奶奶送給自己的這份「禮物」，誰也不能從她身上拿走……

分別時，金先生又說道：「當妳努力成為自己有能力成為的那種人時，永遠也不要忘記：妳從來都不是獨自一人。」談話結束了，綺拉慢慢地走回了家。她知道自己也會把這次奇遇記錄下來。她還有許多事情要做呢。儘管如此，她依然很想念那位睿智的老奶奶。她覺得有點孤單。

「嘿，我還在呢。」突然，綺拉聽到了一個熟悉的聲音。她驚恐地四下張望，周圍一個人都沒有，只有錢錢在一旁慢騰騰地走著。從驚恐中回過神之後，綺拉明白了，剛剛對自己說話的正是錢錢。綺拉高興地抱住了這隻白色的拉布拉多，錢錢也深情地舔著她的臉頰。綺拉大喊道：「我還以為你永遠不會和我說話了呢！」

「永遠不要把話說死。」綺拉再次聽到了錢錢的聲音。此時

此刻，綺拉突然無比確信：她真的從來都不是獨自一人，總是會有理解她、幫助她的朋友。綺拉暗暗想著：真希望更多人都能擁有我這樣的經歷……

七條準則

1. 友好親和

2. 承擔責任

3. 鼓勵他人

4. 幫助給予

5. 常懷感恩

6. 勤學不輟

7. 值得信賴

小狗錢錢 2

全球暢銷 500 萬冊！德國版《富爸爸，窮爸爸》續集
Kira und der Kern des Donuts

作者	博多‧薛弗（Bodo Schäfer）
譯者	王一帆、張皓瑩、任斌
執行編輯	顏妤安
行銷企劃	劉妍伶
封面設計	周家瑤
版面構成	賴姵伶
發行人	王榮文
出版發行	遠流出版事業股份有限公司
地址	臺北市中山北路一段 11 號 13 樓
客服電話	02-2571-0297
傳真	02-2571-0197
郵撥	0189456-1
著作權顧問	蕭雄淋律師

2023 年 3 月 31 日　初版一刷

定價　　新台幣 350 元

有著作權‧侵害必究 Printed in Taiwan

ISBN　978-957-32-9993-6

遠流博識網　http://www.ylib.com

E-mail: ylib@ylib.com

（如有缺頁或破損，請寄回更換）

國家圖書館出版品預行編目 (CIP) 資料

小狗錢錢 2：全球暢銷 500 萬冊！德國版《富爸爸，窮爸爸》續集 / 博多．薛弗 (Bodo Schäfer) 著；王一帆, 張皓瑩, 任斌譯. -- 初版 . -- 臺北市：遠流出版事業股份有限公司, 2023.03
面；　公分
譯自 : Kira und der Kern des Donuts
ISBN 978-957-32-9993-6(平裝)
1.CST: 個人理財 2.CST: 投資 3.CST: 通俗作品
563.5　　　　　　　　　　112000898

\ seven principles /

七條準則

金錢品格教育小卡

1
友好親和

2
承擔責任

3
鼓勵他人

4
幫助給予

5
常懷感恩

6
勤學不輟

7
值得信賴

- 我衷心希望，別人和我過得一樣好。
- 我不願傷害任何人。我會克制自己，不介入任何爭端。
- 我謙虛有禮，尊重他人。我不必永遠得理不饒人。

使用方式：

①將小卡沿線剪下。

②把小卡貼在日記本、筆記裡，或是帶在身上，時時刻刻提醒自己這七條準則。

③努力成為你有能力成為的人。

- 我只說別人的好話。如果沒有好話可說，就什麼都不說。
- 我儘量不批評別人。如果非批評不可，也要禮貌而友善。
- 總是關注別人的優點和好的一面。

- 遇事我能自己做出決定，能自己判斷在什麼情況下該做出何種反應。
- 我不會陷入「公平陷阱」，而是專注於我能做到什麼、知道什麼和擁有什麼。
- 當我把責任推卸給別人時，也把權利交給了對方。

- 常懷感恩之心，哪怕是對那些尋常小事。
- 遇到困難時，想一想值得感恩的事。
- 對身邊的人懷有感恩之心，有意識地享受和他們在一起的時光。

- 我希望遇到的每個人都能一切順利。
- 我送給別人禮物，只是為了表達我對他的喜愛。
- 最美好的事情莫過於幫助他人。我總是在想能夠幫助誰，沒有比這更讓我感到幸福的了。

- 習慣決定成敗。
- 當我自律時，相較於那些更有天賦卻懶惰的人，我能獲得更多的成功。
- 守時，信守自己對他人的承諾。

- 我驕傲自滿會讓我們停止學習，因此要時時保持謙虛。
- 我要讀好書，堅持寫成功日記和心得筆記，還要盡可能多地向他人學習。
- 不與他人比較，盡自己所能做到最好。